KB096876

부자 엄마, 가난한 엄마

5년만에 1억으로 100억 자산을 이룬, 부자 엄마의 가난한 엄마 탈출기

부자 엄마, 가난한 엄마
RICH MOM　　POOR MOM

이진화 지음

트러스트북스

8살에 가야금을 시작했다. 특목고인 국립국악고등학교를 입학하면서 기숙사 생활을 해야 했고, 부모님과 떨어져 살기 시작했다. 넉넉하지 않은 가정환경은 나를 강하게 만들었다. 사춘기도 겪을 여유도 없었다. 오직 공부와 연습뿐이었다. 대학교 등록금은 장학금으로 해결했고, 아르바이트와 학업을 병행하며 생활비를 감당했다. 하고 싶은 일과 배우고 싶은 것은 일찍 포기 했다. 가족을 책임져야 했기 때문이다. 공연을 하고, 아이들에게 가야금을 가르치며 돈을 버는 일에 올인했다. 만삭으로 출산 바로 직전까지도 일을 했고 아이를 낳아 놓고도 계속 일을 했다. 가난이 싫어서였다. 그러나 몸이 부서져라 일을 해도 돈은 모이지 않았다.

이대로는 안 될 것 같았다. 부동산 투자를 하기로 결정했다. 살고 있는 전셋집에 전세금을 빼서 월세 집으로 이사를 했다. 남은 전세금 1억으로 투자를 시작했다. 하지만 첫 투자는 실패였다. 그 후 부동산을 더 공부했고 1년에 한두 번은 이사를 다녔다. 5년 만에 부동산 100억 자산을 만들었다. 그리고 실전경험을 바탕으로 부동산투자법에 관한 첫 책을 출판했다. 출판된 첫 책은 『나는 남편에게 아파트를 선물했다』이다. 이 책은 출간 즉시 베스트셀러가 되었으며 여러 곳에서 방송 출연을 했다.

우리는 모두 부자가 되고 싶어 한다. 왜 모두 부자가 되고 싶어 할까? 이것은 인간의 본능이자 욕구이다. 아직도 '돈은 나쁘다.', '돈은 악의 근원이다.', '무소유가 최고다.', '부자는 사기꾼들이다'며 가르치는 사람들이 있고, 그 가르침을 받아 청빈사상을 생각하며 가난하게 사는 사람들이 많다. 하지만 돈을 갖고 싶은 욕망은 인간으로서 자연스러운 현상이다. 맛있는 음식을 보면 먹고 싶고, 피곤하면 자고 싶고, 배가 아프면 싸고 싶듯이, 돈을 갖고 싶은 것 또한 인간의 기본 욕구이다. 더 이상 우리는 '돈'을 오해해서는 안 된다. 왜냐하면 우리 삶의 90%의 문제는 '돈'과 관련되어 있기 때문이다.

믿었던 친구들과 왜 절교를 하는가? 사랑하는 가족과 왜 싸우는가? 회사에서 열심히 해도 왜 힘이 드는가? 행복할 줄 알았던 결혼생활은 왜 이런가? 아이에게 왜 상처를 줘야 하는가? 종교생활을 열심히 해도 왜 내 삶은 변화되지 않는가? 사랑하지만 왜 애인과 헤어져야 하는가? 좋아하는 일은 하지 못하고 왜 하기 싫은 일을 해야 하는가?

이 모든 문제의 문제는 무엇일까? 90%는 돈 때문이다. 즉, 돈이 있으면 90%의 문제를 해결할 수 있다는 것이다.

누군가 예쁜 옷과 가방을 가지면 나도 갖고 싶고, 좋은 호텔을 가면 나도 한 번 가보고 싶고, 비싸고 질 좋은 음식을 먹으면 계속 그 음식만 먹고 싶고, 성공한 사람들을 보면 나도 성공하고 싶고, 좋은 집에 가면 살고 싶고, 다른 나라 사진을 보면 여행을 떠나고 싶은 것은 인간으로서 당연한 욕구이자 본능이다. 하지만 이 본능을 이루는 데는 '돈'이 필요하다. **'돈'이 우리를 더 부유하고, 풍족하게, 충만한 삶을 만들어 준다는 것은 우리가 알아야 할 '기본 지식'이다.**

요즘 너도 나도 부자가 되고 싶어 난리가 났다. TV부터 유튜브, 투자 책 등 여러 곳에서 부동산, 주식, 코인, 외환거래 등 여러 가지 투자 방법을 알려주고자 수많은 정보들이 쏟아져 나오고 있다. 지금처럼 많은 정보들을 쉽고 편하게 얻을 수 있는 세상은 없었을 것이다. 그런데 참 신기하다. 이렇게 정보가 많은 시대에 누구는 부자가 되고, 누구는 부자가 되지 못한다. 누구는 부자가 되어 부를 계속 유지하고, 누구는 부자가 되고서도 한 번에 무너진다. 그 이유는 무엇일까?

사람들이 자신의 내면은 바꾸지 못한 채 외면만 바꾸려고 하기 때문이다. 아무리 좋은 정보를 얻은들 무엇 하겠는가. 자신의 내면이 변화되지 않았는데….

쏟아져 나오는 정보들 속에서 진짜 부자가 되려면 돈에 대한 생각을 바꿔야 한다. 이 생각을 바꾸지 않으면 아무리 좋은 정보를 얻더라도, 사업을 잘 한다고 하더라도, 투자를 잘 한다고 해도 부자가 될 수 없다.

도미노를 생각해 보자. 도미노를 만들 때는 많은 노력이 필요하다. 하지만 무너뜨릴 때는 한 순간이다. 돈이라는 것도 마찬가지다. 열심히 쌓아 올려도 무너지는 것은 순식간이다. 부자가 되고 싶다면 부자들이 하는 투자법을 배우기 전에 생각을 먼저 배워야 한다.

나는 1억의 전 재산으로 100억 원의 자산을 만들었다. '시기가 좋았다.', '운이 좋았다.'고 말하는 사람들도 있다. 하지만 시기는 나만 좋았던 것이 아니다. 그 때 그 시기, 시간이라는 것은 우리 모두에게 똑같이 주어졌다. 운이라는 것은 그냥 만들어지는 것이 아니다. 기회는 준비된 자에게 오는 것이다.

지금의 나를 만든 것은 부자들의 생각, 멘탈, 마인드였다. 첫 투자에 실패하고 부자들이 어떤 방식으로 부자가 되었는지보다 어떤 생각과 마인드를 가지고 있는지를 더 공부했다. 수많은 부자들을 직접 만나 그들의 이야기, 생각, 마인드를 듣고, 부자들이 쓴 책을 읽고 강의를 들었다. 그리고 부자들이 생각하는 대로, 말하는 대로 직접 실천해 보기로 했다. 처음에는 긴가 민가 했었다. 하지만 '생각만 바뀐다고 부자가 될까?' 하는 의심은 점점 믿음으로 변해갔고, 이것은 놀랍고도 놀라운 원리이자 정답이었다.

이 책에는 '진화'와 그리스 신화에서 부와 풍요가 인격화된 '플루토스'가 등장한다. '진화'는 가난했던 나, **가난한 엄마** '이진화'이다. '플루토스'는 보이지는 않지만 나를 부자 마인드로 바꿔준 **부자 엄마** '이진화'이다.

이 책을 처음 읽는 사람들은 부자 엄마, 플루토스가 하는 이야기들을 믿지 못할 것이다. 나 또한 그랬었다. 하지만 난 끝까지 해보기로 했고 가난한 엄마에서 부자 엄마가 되었다. 당신도 그렇게 될 수 있다. 지금과 다른 인생을 살고 싶은가? 그러면 이 책대로만 생각하고 행동해 보라고 말하고 싶다. 읽고 또 읽어라. 어느 순간 당신은 부자가 되어 있을 것이다.

차
례

Part 3 —————————— 부자가 되는 실천법

Part 4 —————————— 부자가 되는 가치법

Part 5 —————————— 부자가 되는 감사법

돈에 대한 부정적 생각을
긍정적 생각으로 바꿔야 돼.
99%의 긍정적 생각을 가지더라도
1%의 부정적 생각이 돈을 밀어내거든.
그래서 세상에는 부자보다
가난한 사람들이 더 많은 거야.
1%의 부정적 생각을 버리지 못해서….
자신이 갖고 있는 돈에 대한 그 생각이
부정적인 1%라는 사실도 모르는 거지.

1

부자가 되는 생각법

그러니까 아직도
네가 가난하지!

"현재 우리의 모습은 과거에 우리가 했던 생각의 결과다."

붓다

'띠리리링 띠리링'

아침 6시, 어김없이 알람이 울린다.

"율아야! 일어나! 6시야."

"엄마, 나 더 자고 싶은데….'

"엄마 일하러 가야 돼. 엄마 먼저 준비할게. 조금만 더 누워있어."

매일 똑같은 일상이 이렇게 시작된다. 아침이 되면 내 몸 하나 준비하기 바쁜데 아이까지 챙기느라 정신이 없다. 아이도 바쁘다. 졸린 눈을 비비며 옷을 챙겨입고 아침을 먹는다. 우리는 허겁지겁 준비해서 집을 나선다. 엘리베이터를 타고 1층으로 내려간다. 그런데,

"엄마 오늘 학교에서 앞치마 챙겨오라고 했는데…."

"아 맞다! 다시 올라가야겠네. 학교 지각하면 안 되는데."

회사에서 일이 바쁜 날 꼭 지각할 빌미가 생긴다.

아이는 그렇게 탈 없이 학교에 갔다.

'어휴 일단 보냈다.'

나는 이제 출근을 한다. 차에서 오늘 일정을 다시 한번 정리한다. 아침을 못 먹어서 배가 고프다.

'빵 하나 사먹을까? 아니야. 그냥 참자. 바쁘니까 점심시간에 먹자.'

그리고 점심시간이 되면,

'아 뭐 먹지? 초밥 먹고 싶은데 너무 비싸고… 김밥이나 먹을까.'

'무슨 김밥 먹지? 참치김밥 먹고 싶은데, 1000원 더 비싸네. 그냥 김밥 먹자.'

엄마가 되고 나서야 이해하기 시작했다. 아이가 먹는 것, 아이가 갖고 싶은 것, 아이가 노는 것에 쓰는 돈은 아깝지 않은데 나에게 쓰는 돈은 언제부터인가 아까웠다. '어머님은 짜장면이 싫다고 하셨어'라는 노래 가사를 이해하는 날이 내게도 올 줄이야.

그런데 가끔은 짜증이 난다. 화도 난다.

'나도 돈 있으면 일 안 해도 되고, 먹고 싶은 것도 실컷 사먹을 텐데.'

짜장면이 싫다고 하신 어머니도 분명 나처럼 가끔은 짜증도 나고 화도 났을 것이다.

무엇 때문에? 돈 때문에!

퇴근하고 학원에 있는 아이를 픽업한다. 집에 와서 저녁을 차려주고 샤워를 시키면 저녁 9시 땡! 잘 시간이다.

"율아야. 이제 9시다. 잘 시간이야. 자자!"

아이를 재우면서 하루를 돌아본다. 그리고 생각에 잠긴다.

매일 똑같은 고민과 변함없는 일상, 그리고 매일 반복되는 정신없는 무언가.

하늘에서 10억만 떨어지면 얼마나 좋을까? 로또에 당첨되면 얼마나 좋을까!

?	"내가 로또에 당첨되게 해줄까?"
진화	누구세요?
플루토스＊	아, 내가 누구냐면…
진화	아니요. 당신이 누구인지 몰라도 돼요. 이번 주 로또 당첨 번호만 알려주세요.
플루토스	**음, 그러니까 네가 아직도 가난하지.**
진화	그렇게 함부로 말하시면 안 되죠. 당신이 로또 당첨되게 해준다면서요. 저도 곧 부자가 될 거예요.

＊ 플루토스

　그리스 신화에 나오는 재물의 신. 이 책에서 '진화'는 가난했던 시절의 나,
'플루토스'는 부자가 된 현재의 나를 상징한다. 과거의 나와 현재의 나가 대화를 이어간다.

부자 엄마, 가난한 엄마
RICH MOM POOR MOM

플루토스 부자? 네가 어떻게 부자가 될 수 있어?

진화 지금 열심히 일하고 있잖아요. 제 일상, 제 하루를 보세요. 쉬는 날 없이 열심히 일하고 있어요. 열심히 일해야 부자가 되지요. 그것도 모르세요?

플루토스 글쎄. 부자들은 너처럼 그렇게 열심히 악착같이 안 살던데?

진화 뭘 모르시네요. 그들은 부모를 잘 만났다거나 남을 속이고 돈을 손에 쥐었겠죠. 아니면 투자를 했는데 한방에 터졌거나!

플루토스 **음, 그러니까 네가 아직도 가난하지.**

진화 그럼 부자가 되게 로또 번호를 빨리 알려주세요. 아니면 그냥 현금으로 바로 주셔도 됩니다.

플루토스 지금의 너는 로또에 당첨되더라도 그 돈은 금방 없어지고 말 걸. 돈은 자기를 좋아하는 사람 옆에 계속 있고 싶어 하거든.

진화 제가 돈을 얼마나 좋아하는데요. 저처럼 돈을 간절하게 원하는 사람도 없을 거예요.

플루토스 돈을 좋아하지. 그런데 돈은 너만 좋아해서 되는 게 아니야. 돈도 너를 좋아해야 돼. 네가 지금 돈이 없는 이유는 돈이 너를 좋아하지 않아서야. 그러니까 네가 아직도 가난하지. 세상의 모든 결과는 원인으로부터 발생하지. 원인이 있기에 결과가 있지. 네가 지금 가난한 것은 이유가 있겠지. 너의 지금은 네가 만든 것이니까.

'띠리리링 띠리링'

아침 6시, 어김없이 알람이 울린다.

"뭐지? 꿈이었나?"

내가 너무 돈, 돈, 돈 돈만 생각하다보니 이런 꿈을 꿨다고 생각했다. 똑같은 일상. 아이를 보내고 출근하는 길에 계속 꿈에서 누군가 했던 말이 떠올랐다.

'그러니까 네가 아직도 가난하지.'

안 그래도 돈 때문에 스트레스 받는데 열심히 사는 사람한테 힘내라는 말은 못 해줄망정 이런 꿈까지 꾸다니! 돈 줄 것도 아니면서 왜 그런 말을 해서 기분 나쁘게 하는지 이해하지 못했다.

그런데 꿈에서 그가 마지막에 한 말이 충격적이었다. 내가 가난한 이유는 나 때문이라고 했다. 원인이 있기에 결과가 있다는 것은 초등학생들도 다 배우는 이론이다. '나의 지금은 내가 만든 것?' 이론적으로는 맞는데 인정하고 싶지 않았다. 어차피 세상은 태어날 때부터 모두가 다르게 태어난다는 것, 다른 환경에서 자란다는 것을 그냥 받아들이고 살 뿐이다. 그런데 내가 원인이라고? 나는 꿈에 나온 누군가가 들려준 그 말을 이해하지 못했다.

나는 누구보다 열심히 살아왔다. 어렸을 때 부모님 말씀도 잘 듣고, 공부도 열심히 했다. 8살 때부터 가야금을 시작해 9살이 되면서부터 전국대회에 나가기 시작했다. 그리고 상도 많이 탔다. 내 딸이 9살이 되었을 때 '저 어린아이가 어떻게 대회에 나가지'라는 생각을 하면서 9살부터 전국대회에 나갔던 나 자신이 대견스럽기도 했다. 가야금도 공부도 잠 잘 시간 쪼개가며 열심히 했다. 나는 사춘기를 겪을 틈도 없었다. 그 결과 좋은 대학도 갔다. 대학엘 가면 내가 원하는 인생을 살 수 있을 것 같았다. 그러나 중고등학생 때는 체감하지 못했던 '돈'이라는 것이 대학을 가면서 현실로 다가왔다.

어른들이 항상 하는 말, 하지만 그때는 알지 못하는 말 "공부가 가장 쉽다", "공부할 때가 가장 좋다"는 말은 왜 지나고 나서야 깨닫게 되는 걸까. 정말 공부가 제일 쉬웠다. 돈 버는 것이 제일 어려웠다. 대학에 입학하고 방학 때 부모님께 도움이 되고자 첫 아르바이트를 시작했다. 4시간 동안 프랜차이즈 피자집에서 서빙하는 일이었다. 당시 시급은 3,500원, 4시간 일하고 14,000원을 받았다. 나는 그날을 아직도 잊을 수 없다. 왜냐하면 분명 4시간을 일했는데 10시간 일한 만큼 힘들었다는 것, 4시간 일하고 14,000원을 받아 동생과 저녁 한 끼 사 먹으니 돈이 다 없어졌다는 것! 때문이다.

그래도 돈은 벌어야지. 그래도 4시간 일해서 동생과 맛있는 저녁을 먹을 수 있으니 허무하지만 어쩔 수 없는 것. 나에게 돈은 그런 것이었다.

그런데 꿈에서 나온 그 누군가는 나에게 **"그러니까 네가 아직도 가난하지"라고 말했다.** 기분이 나쁘지만 나도 알고 싶었다.

나는 왜 열심히 살아도 계속 돈이 없을까?

나도 돈 걱정 없이 먹고 싶은 것을 사먹고 싶었다. 해외여행도 가고 싶고 어학연수도 가고 싶었다. 하기 싫은 일은 그만두고, 하고 싶은 것만 하고 싶었다. 그를 다시 만난다면 꼭 묻고 싶었다.

"그래서 나는 왜 아직도 가난한 걸까요? 돈은 왜 날 좋아하지 않을까요?"

돈에 대한
부정적 생각을 하면 가난해진다

"감정은 우리가 길을 제대로 가고 있는지 알려주는 피드백 회로다."

잭 캔필드

플루토스 네가 왜 아직도 가난한지 진짜 궁금해?

진화 너무 궁금해요. 왜 돈이 저를 안 좋아할까요? 제가 뭘 잘
못했나요?

플루토스 너는 돈을 좋아했다가 싫어했다가, 그리고 또 좋아했다가
싫어했다가 변덕이 심해.

진화 제가요?

플루토스 너뿐만이 아니야. 사람들은 부자가 되기를 원했다가 부자
가 되기를 싫어했다가, 왔다 갔다해. 자기가 먹고 싶은 것
이나, 사고 싶은 것이나, 돈이 필요할 때는
'아! 돈이 많으면 좋겠어.'

'해외여행 가고 싶어.'
'연봉 1억 원을 받고 싶어.'
'외제차를 사고 싶어.'

하다가 막상 돈 많은 사람을 보면 앞뒤가 다른 말을 하지.

'저 사람 부모가 부자라서 저렇게 편하게 살 거야. 인생은
불공평해.'
'돈 많으면 세금을 많이 내야 돼. 돈 필요 없어.'
'돈 많으면 신경 쓸게 많아. 무소유가 최고야.'
'내가 돈 벌어서 와이프에게 갖다주면 분명 바람날 거야.'

진화   돈이 많으면 좋겠지만 진짜 돈이 많아지면 어떨까 두렵기
도 해요. 돈 많은 사람을 보면서 돈 없는 나 자신을 '합리
화'시키기 위해 돈을 찾다가도 돈을 밀어내고는 하죠.

플루토스   우리가 식당에 가면 웨이터에게 음식을 주문하잖아. 웨이
터는 주문한 음식을 컴퓨터에 입력하고 그 입력한 내용은
주방으로 연결되어 전달돼. 주방에서는 음식이 만들어지고
웨이터는 우리에게 주문한 음식을 가져다줘.

진화   그것은 당연한 절차잖아요. 그렇지 않으면 손님은 음식을
먹을 수 없으니까.

플루토스 그렇지. 그런데 우주에도 그런 곳이 있어. 그곳은 사람들의 소원을 주문받아 입력했다가 이루어주는 곳이야. 사람들이 원하는 것을 들어주는 곳이지. 무엇이든 주문하면 이루어주지. 하지만 사람들은 소원을 주문했다가 또 바꿨다가, 또 주문했다가를 반복해. 우주에서는 네가 왜 주문을 계속 바꾸는지 알 수 없어. 그냥 주문하는 대로 해줄 뿐이야.

진화 맞아요. 정말 그런 사람들이 있어요. 심지어 음식이 조리되고 있는데도 주문을 바꾸기도 하지요.

플루토스 부자가 된 사람들은 돈에 대한 주문을 바꾸지 않아. 하지만 가난한 사람들이 주문을 계속 번복하지. 부자는 '외제차를 갖고 싶어'라고 주문하면 '외제차'만 생각해. 가난한 사람은 '외제차를 갖고 싶어' 주문하고는 잠시 뒤 '외제차를 사면 유지비가 많이 들어갈 거야. 매달 할부금이 많이 나갈 거야. 그래, 국산 경차가 최고지' 하고 바꾼다고. 그런데 이런 주문을 하루에 수십 번도 더 뒤집지. 외제차를 주문했다가 국산차를 주문했다가 심지어 그냥 차 없는 것으로 주문하지.

진화 듣는 제가 화가 나네요.

플루토스 식당에서 이렇게 음식 주문을 계속 바꾸면 어떻게 될까? 식당 주인이 나가라고 할 거야. 다른 손님들을 받을 수 없으니까. 우주도 마찬가지야. 이렇게 계속 주문을 번복하는 사람들은 신경 쓰지 않아. 어차피 또 바꿀 것이니까.

진화　정말 그러네요. 돈을 밀어내지 않고 좋아하려면 어떻게 해야 하나요?

플루토스　돈에 대한 부정적 생각을 긍정적 생각으로 바꿔야 돼. 99%의 긍정적 생각을 가지더라도 1%의 부정적 생각이 돈을 밀어내거든. 그래서 세상에는 부자보다 가난한 사람들이 더 많은 거야. 1%의 부정적 생각을 버리지 못해서… 자신이 갖고 있는 돈에 대한 그 생각이 부정적인 1%라는 것도 모르는 거지.

진화　그렇다면 제가 가지고 있는 돈에 대한 부정적인 생각이…

'돈이 없어서 안 좋은 집에 사는 거야.'
'월급이 너무 적어.'
'이 돈으로는 아무것도 할 수 없어.'
'돈 벌기 진짜 힘들어.'
'돈 많아 봤자 소용없어.'
'도저히 빚을 갚을 수 없어.'
'나는 이 일밖에 할 수 없어.'
'돈 욕심 부리다가 큰일 나.'
'내가 부자가 될 리 없지.'

'돈 많으면 돈 빌려달라고만 할 거야.'

'돈은 날 좋아하지 않아.'

'부자들은 다른 세상 사람이지.'

'부모 잘 만나서 부자 된 거지.'

'아무리 벌어도 모자라. 남는 돈이 너무 적어.'

'카드값이랑 관리비가 왜 이렇게 많이 나온 거야!'

아… 정말 끝이 없네요. 이렇게 많은 부정적 생각이 제 머릿속에 가득 있는 줄 몰랐어요. 1%가 아닌 것 같아요. 훨씬 더 많아요. 저도 모르게 돈을 밀어내고 있었네요.

플루토스 사람들은 그렇게 자기 생각을 인식하지 못한 채 살아가. 그러니 자신이 왜 돈이 없는지, 왜 부자가 되지 못했는지 알지 못하지. 우리는 하루에 60,000에서 80,000가지 생각을 해. 그런데 대부분이 같은 생각이지. 매일 똑같은 일상을 쳇바퀴처럼 보내듯 생각도 쳇바퀴처럼 같은 생각을 하지. 그리고 그 생각의 대부분이 부정적 생각이라는 것이야. 또 한 가지 중요한 것은, 주문을 입력하는 우주는 부정과 긍정을 인식하지 못해. 네가 생각하는 대로 그대로 입력하지. 예를 들어

'돈이 없어서 안 좋은 집에 사는 거야' → '안 좋은 집에 살

기' 주문 완료

'월급이 너무 적어' → '월급은 조금만' 주문 완료

'돈 벌기 힘들어' → '힘들게 돈 벌기' 주문 완료

'빚을 갚을 수 없어' → '빚을 갚을 수 없기' 주문 완료

'내가 부자가 될 리 없지' → '부자가 되지 않기' 주문 완료

'아무리 벌어도 모자라. 남는 돈이 너무 적어' → '벌어도 계속 모자라고 남는 돈이 적기' 주문 완료

'카드값이랑 관리비가 왜 이렇게 많이 나왔지' → '카드값과 관리비가 많이 나오기' 주문 완료

이렇게 우주는 주문을 입력하지. 그러면 그대로 이루어져.

진화   그래서 돈이 절 좋아하지 않았던 거네요. 친구에게 친구의 부정적 모습을 계속 말하면 친구가 멀어지듯 돈도 그렇게 저에게서 멀어졌었나 봐요. 그렇다면 이 부정적 생각들을 긍정적 생각들로 바꾸면 돈이 저에게 돌아올까요?

플루토스   당연하지. 지금도 늦지 않았어. 우주는 언제든 너의 주문을 기다리고 있어. 돈에 대한 긍정적 생각만 한다면 돈은 다시 돌아올 거야.

진화   제가 하는 생각과 말이 긍정적 생각인지 부정적 생각인지 어떻게 알 수 있을까요?

플루토스   감정! 감정은 자신만이 느낄 수 있지. 이 생각이 긍정적 생

각인지 부정적 생각인지 모를 때는 질문해봐.

'지금 내가 어떤 감정을 느끼고 있지?'

그렇게 질문하면 답이 나올 거야. **긍정적 생각을 하면서 기분이 나쁠 수 없고 부정적 생각을 하면서 기분이 좋을 수 없어.** '나는 왜 이렇게 돈이 없을까?' 생각하면서 기분이 좋을 수 없잖아. '나는 왜 돈이 없을까?'라고 부정적 생각을 했기 때문에 기분이 나쁜 거지. 아까 이야기했던 돈에 대한 부정적 생각들을 하면 어때?

진화 기분이 안 좋아요. 나쁜 감정이 생기고 막 화가 나요.

플루토스 기분이 나쁘면 잘 될 일도 안 되고 다른 일까지 꼬이기 시작하지. 아침에 일어나 돈 때문에 짜증난 날 하필 과태료 고지서가 날아오는 것처럼 말이야. 반대로 긍정적 생각을 통해 좋은 감정을 느끼면 좋은 일만 일어나겠지. 돈뿐만 아니라 어떤 일이든 기분 나쁜 일이 생겨도 무조건 긍정적 생각을 해야 돼. 그리고 좋은 감정을 느껴야 돼. 부자들은 이 비밀을 알고 부자가 되었지.

진화 제가 했던 부정적 생각을 긍정적 생각으로 바꾸고 좋은 감정을 느끼면 되겠네요. 그러면 우주에서도 주문이 이렇게 입력되겠네요.

부정적 생각 (나쁜 감정)	긍정적 생각 (좋은 감정)	우주 주문 입력
돈이 없어서 안 좋은 집에 사는 거야 (짜증나)	돈이 많아서 이렇게 좋은 집에 살아서 (행복해)	'돈이 많아서 좋은 집에 살기' 주문 완료
월급이 너무 적어 (기분 나빠)	월급이 너무 많아서 (풍요로워)	'월급이 많기' 주문 완료
돈으로 아무것도 할 수 없어 (힘 빠져)	돈으로 할 수 있는 게 너무 많아서 (기분 좋아)	'돈으로 할 수 있는 게 많기' 주문 완료
돈 벌기 힘들어 (힘들어)	돈 벌기는 쉽고 (재미있어)	'돈 벌기 쉽기' 주문 완료
빚을 갚을 수 없어 (절망적이야)	빚을 갚을 수 있어서 (이제 안정적이야)	'빚을 갚을 수 있기' 주문 완료
부자들은 다른 세상 사람이야 (우울해)	나도 부자들과 같은 세상이라서 (만족해)	'부자들과 같은 세상 살기' 주문 완료

플루토스 이해를 잘하는군! 이제 시작이야!

진화 이제 시작이라고요? 이것만 하면 부자되는 것 아닌가요?

플루토스 흠! 성격 급한 건 안 바뀌는구나.

진화 성격 급한 덕분에 지금까지 잘 살아 왔거든요. 무엇이든 긍정적으로 생각해야지. 하하하. 아! 기분 좋아! 그런데 로또 번호는 언제 알려주시는 거예요?

플루토스 그건 미션이 다 끝나면 알려줄게. 세상에 공짜는 없잖아.

진화 미션?

    우리는 부정적인 말과 생각에 익숙해져 있다. 내가 하는 말과 생각이 부정적인 것인지도 모른 채 살아간다. 무언가 일이 잘 풀리지 않고 항상 기분이 나쁘다. 특히 돈에 대해 더 그렇다. 컵에 물이 반 정도 있다고 가정해보자. 어떤 사람은 물이 많다고 느끼고, 어떤 사람은 물이 적다고 느낀다. 돈도 마찬가지다. 같은 100만 원이 있어도 누구는 적게 느껴지고, 누구는 많게 느껴진다.

항상 돈이 '없다, 적다'고 느끼는 사람은 우주에 돈이 '없다, 적다'로 주문되어 항상 돈이 없어진다. 그리고 부정적 생각에 기분이 좋지 않다. 부자가 되기 위해서는 어떻게 생각해야 할까? 긍정적으로 생각해야 한다. 그래야 기분이 좋아져 좋은 일만 생기게 된다. 돈도 그렇게 기분 좋게 다가온다.

오직 내가 원하는 것에만
정확히 집중하라

"단순한 진흙이라도 뛰어난 도공의 손에 들어가면 아름답고 유용한 것이 될 수 있다. 생각을 바꾸면 인생이 달라진다."

존 하헬

"인생에서 원하는 것을 얻기 위한 첫 번째 단계는 내가 무엇을 원하는지 결정하는 것이다."

벤 스타인

진화   이렇게 부정적 생각을 더 많이 하면서 살아왔다니… 바꾸기 쉽지 않네.

플루토스   그 생각 또한 부정적이야. 뭐든지 어렵다고 생각하면 어렵지. 반면 쉽다고 생각하면 쉬워.

진화   앗, 그러네요. 35년이 넘도록 몰랐어요. 항상 돈, 돈, 돈 입에 달고 살았는데 제가 돈에 대해 부정적 생각을 한다는 것, 의심조차 하지 못했어요. 왜 아무도 알려주지 않은 걸까요? 왜 사람들은 자신이 하는 생각과 말이 돈을 밀어낸다는 것을 알지 못하고 살아가는 것일까요?

플루토스   사람들은 좋아하는 것보다 싫어하는 것에 더 집중되어 있지. 원하는 것보다 원하지 않는 것에 더 신경을 쓰고 있어. 사람들의 머릿속에서는 끊임없는 생각을 해. 그 생각 중의 대부분이 부정적 생각이지. 그 생각을 통제하지 않으면 계속 그 생각과 근심, 걱정, 염려로 머릿속을 채우지.

진화   안타깝네요.

플루토스   우주는 부정어를 알지 못한다고 했어. 우리의 무의식도 마찬가지야. 예를 들어 '채소 싫어', '운전하지 마'라고 말하면 무의식은 '~가 싫어', '~하지 마'는 인식하지 못해. 그래서 내 생각 속에 채소, 운전을 계속 생각하지. 누군가 "초코 아이스크림 먹지 마"라고 말하면 어때? 뭐가 가장 먼저 생각 나지?

진화   초코 아이스크림이요.

플루토스   어른들은 아이들을 말 안 듣는 청개구리라고 하지. 엄마는 "게임하지 마", "아이스크림은 많이 먹지 마"라고 말하지. 그렇지만 아이들은 '게임'과 '아이스크림'만 계속 생각해. 아이들의 무의식에도 부정어는 인식하지 못하기 때문이야. 어른들도 마찬가지야. 우리는 싫어하는 것, 원하지 않는 것에 더 익숙해져 있어. 집에서도, 회사에서도, 공공장소에서도…. 너무 익숙하다 보니 그 생각이 부정적이라는 것, 내가 그것을 끌어당겼다는 것조차 모르고 사는 거지. 너무 익숙해져서.

진화   그래서 가난한 사람은 더 가난해지고 부자는 더 부자가 되는 거군요.

플루토스   그렇지. 부자는 "돈이 좋아"라고 말하지만 가난한 사람은 "돈을 싫어하면 안 돼"라고 말하지. 그러므로 좋은 것, 원하는 것을 정확히 말하면 돼. 그래야 우주가 정확하게 주문을 입력하지.

부자의 생각	가난한 사람의 생각
나는 아파트에 살 거야 ('아파트' 주문 완료)	나는 주택에 살지 않을 거야 ('주택' 주문 완료)
나는 외제차를 탈 거야 ('외제차' 주문 완료)	나는 국산차를 타지 않을 거야 ('국산차' 주문 완료)
나는 스시를 먹을 거야 ('스시' 주문 완료)	나는 라면을 먹지 않을 거야 ('라면' 주문 완료)
나는 부자가 될 거야 ('부자' 주문 완료)	나는 가난하지 않을 거야 ('가난' 주문 완료)

'나는 부자가 될 거야'라고 말해야 하는데, '나는 가난하지 않을 거야'라고 말하니까 계속 가난한 거라고. '나는 부자가 될 거야'라고 생각하면 어때?

진화   기분이 좋은데요. 부자가 된 제 모습이 떠오르기 시작해요.

플루토스   같은 뜻이지만 '나는 가난하지 않을 거야'라고 생각하면 어때?

진화   무언가 제 자신이 우울해져요. 아, 왜 난 가난한 걸까?라는 생각을 시작으로 나쁜 감정이 계속 생겨요.

플루토스 그만! 나까지 우울해지려 해. 부정적 생각이 나쁜 감정을 만들고 그 에너지가 그 사람을 감싸게 되지. 에너지는 그 주위 사람에게도 전달돼. 누군가를 만나면 무언가 기분이 안 좋고 우울해지는 사람 있잖아.

진화 어, 맞아요! 그 사람을 만나면 제 기분까지도 다운돼요.

플루토스 에너지는 파장되어 전달되지. 그래서 가난한 사람은 가난한 사람과 어울리고 부자는 부자와 어울릴 수밖에 없어. 그 사람들이 발산하는 에너지가 비슷하기 때문에 편안하지. 네가 지금 부자와 함께 식사한다고 생각해봐.

진화 아마 체해서 그날 밤 잠을 제대로 못 잘 게 빤하죠.

플루토스 역시 현실 파악은 빠르군.

진화 '칭찬 같은데 왜 기분 나쁘지?'

플루토스 **너의 머릿속에는 긍정적 생각만 떠올려야 돼. 네가 얻지 못했던 것들을 생각하지 마. 오직 갖고 싶은 것에 집중해. 그러면 너는 그것을 갖게 될 거야.** 너는 지금 다니고 있는 회사가 마음에 들지 않는다고 불평불만하고 있지?

진화 아하! 걱정 마세요. 저 다른 회사로 옮길 거예요. 지금 회사는 너무 짜증나요. 출근길도 멀고, 월급도 적고, 사장님도 저랑 스타일이 안 맞아요.

플루토스 그렇구나~ 새로운 회사에서는 네가 만족하고 행복할 수 있을까?

진화 새로 면접 본 곳 있어요. 월급도 지금보다 많이 주고 집이 랑 더 가까워서 편해요. 지금보다 훨씬 나을 거예요. 그곳 이 너무 기대돼요.

플루토스 네가 지금 일하는 회사에서 부정적 생각과 태도를 가질수 록, 그 회사를 싫어할수록 옮기는 회사에서 더 안 좋은 일, 더 불편한 일이 너를 기다리고 있을 거야. 에너지는 같은 에너지를 끌어당기지. 너의 생각이 지금 부정적 생각과 에 너지로 가득 차 있기 때문에 그에 딱 맞는 곳으로 가게 될 거야. 그 회사는 너의 집과 더 먼 곳으로 이전하게 될 것 이고, 매출이 적어져 월급이 줄어들 거야. 그리고 사장은 더 예민해져서 너에게 스트레스를 줄 것이고, 직원들이 그 만둬서 네가 일을 더 많이 하게 될 거야.

진화 세상에! 진짜요? 왜 딱 내 맘에 드는 회사가 없는 거야!

플루토스 내가 한 말 무엇으로 들었니? 너는 네가 듣고 싶은 말만 들 더라. 계속 얘기했잖아. **원하는 것에 집중하라고.** 아직도 너는 지금 회사에 대해 싫은 것, 원하지 않는 것들만 계속 생각하고 있어. 머릿속에서 모두 지워. 그리고 네가 원하는 것만 생각해. '월급이 왜 이렇게 적어'가 아니라 '월급이 많 은 곳에 갈 거야'라고 생각하라고.

진화 이러한 불평불만이 부정적 생각일 줄이야. 회사에서 동료들과 매일 나누는 이야기인데… 그래서 너무 자연스럽고 익숙했던 것이네요. 그래서 끼리끼리 만난다고. 그러고 보니 불평불만을 이야기하던 동료들 중에 부자는 없네요. 그 동료들도 저도 이직을 해도 항상 실망하고 더 불평불만이 늘어가는 게 이 이유 때문이었군요. 부정적 생각과 말을 단번에 바꾸기에는 35년 넘는 세월이 있어서… 그 생각이 먼저 튀어나오는데 어떻게 하죠?

플루토스 그럴 때는 '그렇다면 원하는 게 뭐야?'라고 자신에게 질문하는 거야. 너는 아까 '월급이 왜 이렇게 적어'라고 생각했다면 **'그렇다면 원하는 게 뭐야?'**라고 질문하는 거지. 너의 대답은 뭐야?

진화 '월급이 많기를 원해.'

플루토스 그렇지. '월급이 왜 이렇게 적어'라고 말할 때는 기분이 안 좋아지지. '월급이 많기를 원해'라고 말하면 기분이 좋아지지. 에너지가 바뀌는 순간이야.
직장에서도 동료들이 불평불만을 이야기하면 이렇게 질문해봐.

동료 _ 회사가 너무 멀어. 다니기 엄청 힘들어. 아침에 차가 막혀서.
진화 _ 그렇다면 네가 원하는 게 뭐야?
동료 _ 회사랑 집이랑 가까우면 좋겠어.

진화 _ 그럼 이제부터 회사와 집이랑 가까운 것만 생각해. 그러면 너의 주문은 우주에 입력될 거야.

동료 _ 우주? 그게 뭐야?

진화 _ 그런 게 있어.

플루토스 처음에는 사람들이 네가 좀 이상하다고 생각하겠지만 원하는 것을 이루면 너에게 감사해할 거야. 오늘부터 싫어하는 것을 싫다고 하지 말고 좋아하는 것을 좋다고 생각해. 가난을 생각하지 말고 부자가 된 진화를 생각하면 된다는 말씀이야. 어때? 쉽지?

지난날을 돌이켜보면 불길한 예감은 틀린 적이 없다. 학교 다닐 때 '선생님이 오늘 나에게 발표를 시킬 것 같아, 아 안 되는데' 생각한 날은 꼭 선생님이 발표를 시키신다. '난 1년 뒤에는 이렇게 살지 않을 거야, 난 엄마, 아빠처럼 가난하게 살지 않을 거야' 마음먹지만 그것은 현실이 된다.

우리의 생각은 온통 원하지 않는 것에 집중되어 있다. 그 생각은 그 일을 끌어당긴다. 돈이라는 것도 그렇다. 우리가 원하는 것을 끌어당기기 위해서는 원하는 것을 정확히 생각해야 한다. 그리고 원하지 않는 것은 생각하면 안 된다. 바로 이것이 돈을 끌어당기는 규칙이자 법이다.

세상으로부터 세뇌된, 돈에 대한
고정관념은 내 선택으로 바꿀 수 있다

"변화에서 가장 힘든 것은 새로운 것을 생각해내는 것이 아니라 이전에 가지고 있던 틀에서 벗
어나는 것이다."

존 메이너드 케인스

진화   돈은 필요한데, 많이 갖고 싶은데, 왜 저는 돈에 대한 부
정적 생각들과 부자들에 대해 오해하고 있었을까요? 돈은
필요하지만 나쁜 것이라는 인식이 머리에 박혀 저를 항상
헷갈리게 했던 것 같아요. '돈이 갖고 싶어. 돈이 필요해'
라고 생각하면 '아니야. 돈을 밝혀서는 안 돼. 돈이 많아지
면 나도 변할 거야. 지금처럼 열심히 살지 않을 거야. 겸손
하지 않을 거야'라고 돈이 없어야 하는 이유를 제 자신에
게 설득하고 있었어요.

플루토스   어릴 때부터 너도 모르게 세뇌된 고정관념 때문이지.

진화   세뇌요? 고정관념? 저 어릴 때 어디 잡혀가서 교육받고

왔나요?

플루토스 아니 아니. 겁이 많아서 어디 가지도 못하면서 무슨 교육이야? 어릴 때부터 부모님, 선생님, 친구들에 의해 나도 모르게 믿어 왔던 거지. 네 딸이 태어났을 때를 생각해봐. 그 아이는 아무것도 몰라. 가정에서는 부모님께, 어린이집에서는 선생님과 친구들에게 배우면서 커가는 거지. 아이가 물가로 가면 '여기는 물이 깊어서 위험해'라고 말하지. 그때 아이는 배우는 거야. '물이 깊은 곳은 위험하다'라고.

진화 맞아요. 당연히 그렇게 배우지요.

플루토스 아이가 뜨거운 커피 잔을 만지려 하면 '앗 뜨거! 이건 뜨거운 거야'라고 알려주지. 그러면 아이는 '아, 커피 잔은 뜨겁구나' 인식하지. 그리고 다시는 만지지 않지. 태어난 아기는 본능적으로 하는 것, 먹고 싸는 것 외에는 아무것도 못해. 모든 것을 자기를 키워주는 누군가가 하라는 대로 하고 그것을 믿어. 아이는 그 말이 인생의 전부니까.

진화 네 그렇지요.

플루토스 **우리는 어른이 되어서도 어릴 때부터 배운 고정관념대로 살고 있어. 그래서 사람들은 제각기 환경에 따라, 경험에 따라 의견이 다르지.** 사람들이 자주 하는 말 있잖아.

'진짜 쟤는 이해가 안 가. 왜 저렇게 생각하지?'

그래서 우리는 모두가 서로를 이해하지 못하는 존재이지.

진화 그렇다면 돈에 관련된 저의 생각도 자연스럽게 세뇌된 것이네요?

플루토스 그렇지. 돈에 대한 너의 생각은 사실은 누군가에게서 세뇌된 고정관념일 뿐이지. '돈'을 생각하면 어떤 추억이 떠오르는지, 어떤 감정이 드는지 잘 생각해봐.

진화 아빠랑 엄마가 돈 때문에 자주 다퉜어요. 저는 생각했죠. 돈이 아니면 다투지 않을 텐데… '다 돈 때문이야.' 학교에서 친구가 1000원을 달라고 해서 줬어요. 그것을 본 선생님께서 "친구가 달라고 한다고 돈을 주면 어떻게 하니? 1000원을 벌려면 얼마나 힘든데. 땅 파서 1000원 안 나와. 아끼지 않으면 거지로 살아야 돼." 저는 생각했어요. '돈 버는 것은 힘들구나. 아끼지 않으면 거지가 되는구나.' 중학교 때 친구가 간식 사 먹으려는데 돈이 없다고 빌려달라고 했어요. 저도 돈이 많지 않아서 빌려주지 않았어요. 친구는 이렇게 말했어요. "너 그렇게 돈에 욕심 부리면 안 돼. 나중에 그 돈 다 잃는다." 저는 생각했어요. '돈은 욕심 부리면 안 되는 것이구나. 그러면 돈을 다 잃는구나.'

플루토스 으흠, 서로 모순되는 두 가지 일을 겪었네.

진화 또 이런 일도 있었어요. 오랜만에 만난 친척이 선물 사준다고 마트에 데리고 갔어요.

"장난감을 갖고 싶어요. 장난감 사주세요."

"장난감은 안 돼. 문제집이나 책을 사는 건 어때? 책을 많이 읽어야 훌륭한 사람이 된단다."

저는 생각했어요. '돈은 즐거운 것보다 학습에만 써야 되는구나.'

플루토스 사람들은 살면서 돈에 대한 안 좋은 이야기들을 얼마나 많이 들으면서 살아왔을까? 돈 때문에 부모님이 다투고, 선생님께 혼나고, 친구들과 사이가 나빠지고, 사고 싶은 것을 못 사고 참아야 되는… 이렇게 돈은 사람들에게 좋은 감정보다는 나쁜 감정을 더 많이 주는 불편한 존재가 되어버렸지. 돈은 나를 힘들게 하고 우리 가족을 힘들게 하는 존재로 인식되지. 하지만 이 고정관념들을 네가 바꿀 수 있어. 고정관념이 생겼던 그때 그 과거로 돌아가는 거지. 그리고 고정관념을 다시 선택하는 거야. 믿을지 말지.

진화 타임머신 타고 과거로 돌아가는 건가요? 잠깐만요. 그럼 언제로 돌아갈지 생각 좀 해보구요. 그리고… 시간을 좀 주세요. 초등학교 때로 가면 포켓몬을 사고, 불량식품을 엄마 몰래 먹어보고, 중학교 때로 가면 땡땡이를 좀 쳐볼까.

플루토스 자, 잠깐만… 지금 우리가 사는 세상에는 아직 그런 기술은 안 나왔거든.

진화 과거로 돌아간다면서요?

플루토스 너의 기억이 돌아가는 거지, 바보야. 돈에 대한 생각이 부정적으로 인식되는 그 순간으로. 그때의 기억으로 돌아가서 다시 상황을 객관적으로 보는 거지. 최면치료처럼 말이야. 스스로 해보는 거지.

진화 아하. 진작 그렇게 말씀하시지. 괜히 설레서 흥분했네.

플루토스 눈을 감고 부모님들이 돈 때문에 다투는 상황을 떠올려봐. 그 다툼이 진짜 돈 때문 만이었을까? 어쩌면 부모님들도 각자 돈에 대한 다른 고정관념을 가지고 살아왔기 때문에 그래서 서로가 '자기 주장이 맞다'라고 우기는 것 아닐까. 그리고 돈 때문이 아닌 다른 일인데 돈 문제가 특별히 너의 귀에 들렸던 것은 아닐까?

진화 아, 그렇게 생각할 수도 있네요.

플루토스 이번에는 "1000원은 땅 파서 나오지 않는다. 아끼지 않으면 거지가 된다"라고 말씀하신 선생님에 대한 기억으로 돌아가보자. 선생님은 왜 너에게 그런 말씀을 하셨을까?

진화 그 친구는 틈만 나면 저에게 1000원을 달라고 했어요. 저는 계속 1000원을 주었어요. 몇 달이 지나자 선생님은 저를 불러서 이야기하셨어요.

"친구가 달라고 한다 해서 돈을 주면 어떻게 하니? 1000원을 벌려면 얼마나 힘든데. 땅 파서 1000원 안 나와. 아끼지 않으면 거지로 살아야 돼."

아! 제가 계속 친구에게 그냥 돈을 주었네요. 그래서 선생님이 그런 말씀을 하셨네요. 이제 선생님이 왜 그런 말씀을 했는지 이해했어요.

플루토스 모든 상황에는 원인과 결과가 있지. 물론 아무 잘못도 없는 너에게 부모님이나 선생님, 친구들이 돈에 대해 부정적 이야기를 할 때도 있었지. 하지만 어릴 때는 말 한마디, 어떠한 사건이 더 크게 자신에게 다가올 수 있어. 그게 뇌에 박혀 무의식 속에 저장되는 거지. 그 말 한마디가 너무 커서, 그 사건이 너무 커서 왜 그런 일이 일어났는지는 잊어버리지. 이렇게 돈에 대한 부정적 이야기를 듣거나 경험으로 인한 생각이 무의식에 저장되어 있어. '돈은 악마다, 돈이 생기면 사람이 변한다, 어차피 나는 가난하다, 돈을 가질 능력이 없다, 돈은 충분치 않다.' **이러한 고정관념들은 너의 잘못으로 생긴 것이 아니야. 다른 사람이 그렇게 만들었을 뿐이지. 하지만 이제 우리 스스로 선택해야 돼. 그때의 기억으로 돌아가서 고정관념을 바꾸는 거지. 원인을 찾았으니 결과를 바꿔야지.**

진화 원인을 찾았으니 결과를 바꾼다? 그럼 이제 어떻게 바꾸면 되나요?

플루토스 너의 깊은 곳, 무의식에 있는 돈에 대한 고정관념들을 하나씩 꺼내보는 거야. 생각이 안 나면 네가 생활하면서 쓰는 말들, 생각들을 정리해보는 거지. 그리고 그 생각들을 날려버리는 거야. 속 시원하게!

진화 속 시원하게?

플루토스 이제 하나씩 꺼내볼까?

진화 '돈은 악마다?'

플루토스 그게 사실일까?

진화 어… 잘 모르겠어요.

플루토스 사실이라는 것은 누구나 'YES'라고 해야 사실인 거야. 1+1은 뭐야?

진화 2요.

플루토스 이건 사실이야? 아니면 네가 믿을지 말지 선택하는 거야?

진화 사실이죠. 이건 제가 선택할 수 없어요. 아쉽지만 저는 '1+1=2가 아니다'라는 것을 증명할 만큼 머리가 좋지 않아서요.

플루토스 그렇다면 '돈은 악마다'는? 사실이야? 아니면 네가 믿을지 안 믿을지 선택하는 거야.

진화 안 믿기로 선택이요. '돈은 천사다'로 선택 완료!

플루토스 '나는 돈을 가질 능력이 없다' 사실이야? 선택이야?

진화 안 믿기로 선택이요. '나는 돈을 가질 능력이 있다'로 선택 완료!

플루토스 고정관념이란 이런 거야. 말 그대로 그냥 고정된 관념일 뿐이지. 사람마다 생각이 다른 것은 그 사람의 고정관념일 뿐이야. 몇 번이고 너는 다시 선택할 수 있어. 그 결정은 너 스스로 하는 거지. 그리고 결정하는 대로 너의 인생은 바뀌는 거야.

진화 제가 누군가에 의해 조정되어 살아온 기분인데요! 그런데 그냥 부정적 생각을 긍정적 생각으로 바꾸면 되는 줄 알았는데, 어린 시절부터 세뇌된 고정관념들을 꺼내면서까지 저를 바꿔야 할 필요가 있나요? 좀 오버 아닌가요?

플루토스 쉽게 설명하면 생각을 청소하는 거지. 쓰레기가 있는 통에 아무리 깨끗한 물을 부어도 100% 깨끗해질 수 없어. 우리가 고정관념들을 싸그리 날려버리지 않으면 긍정적 생각으로 훈련하여 살아가더라도 언젠가는 불쑥불쑥 나타나 우리를 힘들게 할 테니까. **자신을 바꿀 수 있는 가장 큰 힘은 자기 자신이거든. 그래서 내가 나 자신을 청소하는 게 가장 좋아.**

진화 돈에 대한 나쁜 고정관념들을 날려버려야 돈도 편하게 저에게 다가오겠네요. 그럼 저 돈 좋아해도 되는 거죠? 그동안 너무 힘들었어요. 갖고 싶지만 가질 수 없는 짝사랑 같은 무언가… 그게 돈이었어요.

플루토스 그렇지. 상처를 완전히 치료할 수는 없지만 그 상처를 보면서 내가 웃을 수 있느냐 없느냐인 것이지.

진화 제가 가지고 있던 고정관념들을 청소하고 나니 너무 홀가
   분해요. 나는 부자다! 나는 돈을 좋아해! 앗싸! 돈 좋아한
   다고 자랑하고 다녀야지.

  우리는 어릴 때부터 돈을 밝히는 건 부끄러운 것이라고 생각해
왔다. 돈을 밝히는 것은 진짜 부끄러운 일인가? 우리는 저축을 해
야 부자가 될 수 있다고 배워왔다. 저축을 해야 진짜 부자가 될 수
있는 것일까?

  이것이 진실이라면 모든 사람의 돈에 대한 생각이 같아야 한다.
그 생각이 사람마다 다르다는 것은 사실이 아니라는 뜻이다. 즉
거짓도 아니고 사실도 아니다. 그러니 내가 선택하면 된다. 믿을
지 말지를.

  "지구는 둥글다"라는 말에 반박하는 사람이 있는가? 없다.

  내가 믿어왔던 이 생각들, 고정관념들이 말 그대로 고정관념이
라면 다시 바꿀 수 있다는 뜻이다. 그냥 어릴 때부터 지금까지 그
렇게 배운 것일 뿐이다. 당신은 세뇌당했다.

  돈은 나쁘다, 돈 욕심을 부리면 안 된다, 돈 때문에 형제랑 싸운
다, 돈 때문에 친구 잃는다, 부자는 불행하다, 부자는 나쁘게 돈을
벌었다.

  이러한 생각 따위는 이제 집어치워라. 쓰레기통에 넣어라. 당
신을 가난하게 만드는 말은 듣지도 말고 생각하지도 마라. 당신은

이제 돈을 좋아해도 된다. 부자가 되고 싶어 해도 된다. 그냥 그것
을 믿어라.

내가 부자가 된 것을 상상하면 현실이 된다

"당신은 당신이 상상하고 믿는 것들을 이룰 수 있다."

나폴레옹 힐

플루토스 그나저나 진짜 로또 당첨되면 뭐 할 거야?

진화 음… 하고 싶은 거 진짜 많죠.

플루토스 구체적으로 생각해봤어?

진화 아니요. 그건 로또에 덜컥 당첨되면 그때 뭐 할지 고민해 보려 했죠. 일단 돈이 생겨야 뭐라도 하죠. 미리 생각하면 뭐해요. 어차피 돈이 있는 것도 아닌데.

플루토스 그러니까 네가 아직도 가난하지.

진화 아 진짜, 또 그 얘기에요? 돈 없는 것도 서러운데 이런 무 시까지 당하다니… 돈이 생겨야 뭘 할지 생각이나 하죠. 생각한다고 다 되나요?

플루토스 응. 생각하면 가능해. 그리고 **상상하면 이루어져.**

진화 참나. 생각해서 다 이루어지면 이 세상 사람들 다 부자 되었어야죠. 상상이요? 그런 건 어릴 때 책 보면서 하는 거 아닌가요? 백설공주 책을 보면서 내가 백설공주가 된 상상을 했었죠. 멋있는 왕자님이 쓱, 나타나 '진화씨, 저랑 결혼해 주실래요?' 하면서요. 저는 공주님이 되어 신하들을 거느리며 '여봐라. 당장 딸기케이크를 가져오너라, 여봐라. 다리가 아프니 나를 업어 주거라' 하면서 행복한 상상을 했었죠. 어린 나이에 혼자 설렘 폭발해서 엄마한테 백설공주 옷 사달라고 떼를 부렸었죠. 그 옷을 입지 않으면 왕자님이 저를 못 알아볼까 봐서요. 하지만 커갈수록 알았죠. 상상해도 내가 백설공주가 될 수 없다는 사실을.

플루토스 네가 어릴 때 했던 그 상상들 '지금' 다시 해보는 거야. 상상하면 이루어져.

진화 백설공주를 다시 상상하면, 그럼 저 왕자님이랑 결혼할 수 있나요?

플루토스 아니, 그건 안 돼.

진화 아 뭐야. 그럼 뭘 상상하라는 거예요?

플루토스 네가 진심으로 하고 싶은 것, 진짜로 되고 싶은 것들. 솔직히 백설공주가 진짜로 되고 싶은 건 아니잖아?

진화 그거야 그렇죠. 그런 공주보다는 저는 부자가 더 좋으니까요.

플루토스 부자는 돈이 생기고 무엇을 할지 생각하지 않아. 돈이 생기기 전에 이미 생각하고 상상했었지. 돈이 있으면 무엇을 할지를. 그리고 이미 돈이 있다고 상상했지. 나폴레옹이 그 어려운 상황에서도 이길 수 있었던 것은 전쟁이 일어나기 전부터 이기는 상상을 했기 때문이야. 그와 싸운 유럽의 장군들은 자신들이 막강한 지원을 받고 있었기 때문에 당연히 이길 것이라 자만했어. 하지만 이길 것이라고 상상했던 나폴레옹이 승리를 거뒀어. 환경이나 상황이 아닌 상상이 이기는 순간이었지.

진화 나폴레옹이 상상을? 환경보다 상상이 더 중요하다고?

플루토스 부자들도 자신이 부자가 된 것을 상상했기 때문에 부자가 된 거야. 가난을 상상했다면 지금도 가난하겠지. 너도 부자가 되고 싶으면 부자를 상상해야 돼. 우주는 긍정과 부정을 인식하지 못한다고 얘기했었지. 그래서 '가난이 싫어'라고 말하면 가난을 주문하고 '부자가 좋아'라고 말하면 부자를 주문한다고.

진화 맞아요. 그렇게 말했었죠.

플루토스 상상도 마찬가지야. 우주는 너의 상상과 현실을 구분하지 못해. 예를 들어, 세상에서 가장 매운 **고추냉이**를 국자로 한 스푼 떠서 먹었다고 생각해봐.

진화　우웩. 생각만 해도 끔찍해. 아 매워! 앗 내 코. 물, 물, 물 어디에 있지?

플루토스　고추냉이를 먹는 상상만 해도 코를 찡긋하면서 물을 찾게 되지. 뇌는 고추냉이를 먹는 상상을 했는지, 진짜 먹었는지 알지 못해. 고추냉이를 진짜 먹었다고 생각하고 코끝을 잡고 맵다고 인식하지. 우주도 똑같아. 이진화가 부자인지 부자가 아닌지 진짜 현실을 알지 못해. 그렇다면 이진화가 '부자가 된 이진화'를 상상하면 어떻게 될까? 부자라고 인식하게 되겠지. '이진화는 부자다' 주문 완료. 우주는 주문을 이루기 위해 움직이기 시작해.

진화　와우! 멋지네요.

플루토스　사람들은 부자가 되고 싶어 하면서 가난한 자신을 생각해. 그리고 미래의 가난한 모습을 상상하지. 미래를 준비하기 위해 그랬다고 말하지.

진화　당연히 미래를 생각하면 다 불안한 거 아닌가요? 노숙자나 독거노인을 보면 '내가 저렇게 되면 어쩌지', '집이 없어 쫓겨나면 어쩌지', '추운 겨울 쫓겨날 거야', '돈이 없으면 자식들이 날 찾지도 않고, 친구들도 날 무시할 거야.' 이렇게 불안해하죠.

플루토스　우리는 일어날지, 안 일어날지도 모르는 걱정, 근심을 생각하고 상상하지. 이러한 가난한 생각을 하는 사람은 무의식 속에 '나는 미래에도 가난하다'라고 생각해. 우주에서는 계속 걱정과 근심이 될 만한 일들을 준비하지. 너는 지금 무슨 상상을 하고 있지?

진화　낼모레 나갈 카드값과 고지서들 받는 상상이요. 이거 내고 나면 돈이 없네…

플루토스　그럼 너의 무의식 속에 무엇이 입력되고 있지?

진화　카드값과 고지서들? 돈이 없다?

플루토스　그렇다면 우주에는 '이진화는 카드값과 고지서들, 돈이 없다' 주문 완료. 그 결과 이진화는 카드값과 고지서들로 계속 걱정되는 일들이 반복되지. 그리고 이진화는 매달 '이번 달은 아껴 쓴 것 같은데 왜 또 돈이 없지?'라고 전전긍긍하지.

진화　어쩐지. 아껴 쓴 것 같은데 어디에선가 또 돈 나갈 일이 생기고, 항상 돈이 없었어요. 돈이 없다고 상상해서 돈이 없어지는 것이 현실로 되어버린 거네요.

플루토스　**너의 상상이 바뀌지 않는 한 너의 현실은 바뀌지 않아. 부자는 다른 부자들의 외적인 모습만 보고 부자가 된 것이 아니야. 내적인 생각, 상상력을 통해 가능했던 거지.** 이제 눈을 감아봐. 그리고 부자가 된 너의 모습을 상상해봐.

진화　저를 혹시 몽상가로 만들려 하시는 건가요? 남들이 보면 정신이 좀 이상해졌다고 할 것 같은데요.

플루토스 싫으면 말고. 그럼 다른 사람에게 로또 번호 알려주러 갈 게. 안녕!

진화 자, 잠깐만요! 누가 싫대요? 거참~ 지금 눈 감고 있잖아 요. 눈 감고 상상할게요. 당장 사표를 쓰고, 해외여행을 가 고, 지금보다 더 좋은 집으로 이사를 가고, 새 차로 바꾸고, 부모님께 집을 사드리고, 새로운 사업을 하고, 어려운 사람 들에게 기부를 하고… '부자가 되고 싶다', '돈이 많았으면 좋겠다'라고 생각만 했는데 부자가 된 제 자신을 상상하려 니 막상 부자가 되면 무엇을 할지 상상이 안 되네요.

플루토스 갑자기 해외여행을 갔다가, 이사를 갔다가, 차를 샀다가… 그렇게 상상하면 우주에 정확한 주문이 입력되지 않아. 해 외여행 어디로 갈지 상상했어?

진화 그건 생각 안 해봤는데요. 그냥 비행기 타고 가서 좋은 호 텔에서 어딘가를 구경하고 맛있는 거 먹는?

플루토스 **상상을 할 때는 구체적으로 해야 돼.** 그래야 우주에도 주 문이 정확하게 입력된다고. 어디로 여행을 갈 건지, 무엇을 볼 건지, 어떤 호텔에 묵을 건지, 무엇을 먹을 건지, 누구와 갈 건지 구체적으로 정확하게 상상해야 돼.

진화 아하, 그렇구나.

플루토스 '지금 오래된 집이 싫어서 새 집으로 이사 가야지'라고 상 상하면 우주는 '반 지하 새집으로 이사' 하는 것으로 입력

완료할 수도 있어. '중고차에서 새 차로 바꿀 거야'라고만 상상한다면 새 차이기는 한데 그 차가 티코일 수 있다는 거지.

진화 아이쿠, 저런!

플루토스 이사를 가고 싶으면 어디로 갈 것인지, 어떤 집을 원하는 지, 방은 몇 개이길 원하는지, 그 방을 어떻게 꾸밀 것인지 미리 상상해야 돼. 새 차를 원하면 어떤 차를 살 것인지 정확하게 차종을 알아야 돼. 차 색깔은 무엇으로 할 것인지, 몇 인승을 원하는지 구체적으로 상상해야 돼. 한 번도 생각해본 적 없다면 '내가 부자가 되면 하고 싶은 것'들을 노트에 적어보는 거야.

진화 그러고 보니 제가 어떤 집을 원하고 어떤 차를 원하는지, 어떤 사업을 하고 싶은 건지 깊게 생각해본 적이 없네요. 지금 현실에서 도피할 수 있다는 상상만 했어요.

플루토스 현실 도피를 상상했기 때문에 현실에서 도피할 만한 일만 생기는 거야. 너뿐 아니라 모든 사람이 부자가 되고 싶어 하지만 부자가 되면 무엇을 할지 상상하지 않지. 때로는 상상하지만 구체적으로 자신이 무엇을 원하는지조차 모르고 상상하지.

진화 부자들을 만난 적이 없어서 부자들은 뭘 좋아하고 어떻게 사는지도 잘 모르겠네요.

플루토스 부자들도 다 똑같지는 않아. 부자는 자신이 하고 싶은 것을 돈 때문에 고민하지 않고 할 수 있을 뿐이지. 부자들을 따라하지 않아도 돼. 먼저 네가 진짜로 원하는 것을 생각해봐. 길을 가다가 원하는 차를 보면 그 차가 무엇인지, 색깔은 무엇인지 기록하는 거야. 친구 집에 갔는데 '아, 나도 이런 집에 살고 싶다' 생각이 들면 그 집의 어떤 점이 좋았는지, 왜 살고 싶은지 생각해보고 기록하는 거지. 사진을 찍어도 되고 스케치를 해도 좋지.

진화 아하, 그냥 상상하는 것보다 사진이나 그림, 글을 보면 더 구체적으로 상상하기 쉽겠네요.

플루토스 맞아. 여기서 중요한 한 가지 더! **상상할 때는 원하는 것을 이루어가는 모습을 상상하지 말고 이루어졌다고 믿고 상상해야 돼.**

진화 이루어졌다고 상상하라고요? 아직 이루어지지 않았는데, 이루어졌다고 상상하라고요?

플루토스 많은 사람들이 부자가 되기 위해 부자를 상상했지만 이루어지지 않는다고들 이야기하지. 그 이유는 부자가 **되고 있는 모습**을 상상했기 때문에 이루어지지 않는 거야. 예를 들어 부자가 되기 위해 열심히 일하고 저축하는 모습을 상상하다보면 평생 열심히 일하고 저축만 하게 되지. **나는 이미 부자라고 생각하고 부자가 되면 할 행동들을 상상해야 돼.**

원인에서 결과로 가는 과정을 상상하는 것이 아니라 결과로부터 상상해야 된다고.

원인 → 가난의 나
과정 → 부자가 되어가는 나
결과 → 부자의 나

사업을 해서 부자가 되고 싶다면, 사업을 구상하고 사업을 준비하는 내가 아닌 이미 사업을 하고 있고, 사업이 엄청 잘되는 상상 말이야. 부자가 되어 일을 그만두고 싶다면, 사표를 제출하는 상상이 아닌 일을 하지 않고 자유롭게 살고 있는 나를 상상해야 돼.

진화 아하, 그럼 오늘부터 저는 왕자님을 기다리는 공주가 아닌 이미 왕자님과 결혼해서 살고 있는 상상을 해야겠네요. 왕자님! 제발 나타나주세요. 아니, 아니, 아니지, 이미 왕자님과 함께 살고 있는 상상을 해야지.

플루토스 못 말려. 뭐 상상은 자유니까 할 말이 없네.

인간만이 유일하게, 자유롭게 할 수 있는 것은 무엇일까? 바로 상상이다. 동물들과 식물들은 상상할 수 없다. 상상을 할 수 있더라도 이룰 수는 없다. 인간은 원하는 대로 상상할 수 있다. 상상하면 상상하는 대로 이루어질 수 있다. 이것이 얼마나 큰 축복인가.

성공하고 부자가 된 사람들은 상상의 기법을 오랫동안 써왔다. 지금도 그들은 상상하고 있다. 부자가 되고 싶은가? 성공하고 싶은가? 그렇다면 원하는 모습을 상상해야 한다.

우리는 왜 상상을 해도 아직도 부자가 되지 못했는가? 성공하지 못했는가?

자신이 무엇을 원하는지 구체적으로 알지 못하기 때문이다. 상상의 기법은 구체적인 것만 받아들일 수 있다. 먼저 자신이 무엇을 원하는지, 정확하게 알아야 한다. 사진이나 그림, 글로 매일 보면서 상상하면 더 좋다. 사진이나 그림, 글을 보면 그것을 얻었을 때의 감정까지도 더 느낄 수 있기 때문이다. 그리고 그것을 얻기 위한 과정은 생각하지 마라. 이미 얻었다고 생각하고 상상하라.

얻기 위한 과정만 상상하면 그것을 얻기 위한 과정만 경험할 것이다. 결코 얻을 수 없다. 이미 부자가 된 자신을 생각하라. 분명히 당신은 부자가 될 것이다. 아니, 이미 되었다.

지금 부자가 아니지만 앞으로
부자가 될 것이라고 믿어야 부자가 된다

"할 수 있다는 믿음을 가지면 그런 능력이 없을지라도 결국에는 할 수 있는 능력을 갖게 된다."

마하트마 간디

진화 그런데 아까 부자가 된 저를 상상할 때는 너무 좋았거든
요. 눈을 뜨고 현실로 돌아오면 '이게 현실이다' 싶으니까
무척 허무해요. 이미 저는 부자가 되었고, 좋은 집에서 밥
을 먹고 책을 읽는 상상을 할 때는 행복했는데 집으로 돌
아오니 바퀴벌레 한 마리가 지나가네요.

'이런 바퀴벌레 자식, 오늘 가만두나 봐라. 오늘 너 제삿날
인 줄 알아라. 이놈의 집. 이사는 무슨 이사야. 내 팔자야.'
그러면서 바퀴벌레 쫓아다니는 제 자신을 보았죠. 상상과
현실과의 괴리감이라 할까요. 상상은 행복하지만 내 현실
을 보면 '진짜 이루어질까?'라는 생각이 다시 들어요. 어릴

때 백설공주를 꿈꾸고 상상했지만 막상 현실은, 유치원에 가기 싫어도 가야 하는 상황이랄까요. 상상을 해도 이루어 지지 않는다고 생각하니 상상도, 꿈도, 희망도 사라져 버린 것 같아요.

플루토스 자매님. 자매님은 아직 믿음이 부족하십니다. "믿음, 소망, 사랑, 이 세 가지는 항상 있을 것인데 그중의 제일은 믿음이라"(고린도전서 13:13)라고 말씀하셨습니다. 믿음이 중요합니다. 자매님.

진화 저기요. 그중에 제일은 믿음이 아니라 '사랑'이거든요! 갑자기 웬 성경 구절? 그것도 틀리면서까지!

플루토스 하하하하. 믿음이 아니라 사랑이었나? 하하하하. 아아, 맞다! 그 구절이 아니지. "겨자씨 한 알 만큼만 있어도 이 산을 명하여 여기서 저기로 옮겨지라 하면 옮겨질 것이요."(마태복음 17:20). 믿음이 부족하십니다. 자매님.

진화 수상한데… 믿어도 되는 건가?

플루토스 하하 됐고, 됐고. '멋있는 척 좀 해보려 했더니… 생각보다 아는 게 많네.'

진화 뭐라고 중얼거리는 거예요? 제가 무슨 믿음이 부족하다는 겁니까? 설마 교회 가서 90일 새벽기도를 드리라고 하거나 절에 가서 백팔배 하라고 하시는 건 아니죠?

플루토스 상상기법까지 해도 안 되는 가난한 자들을 위한 처방. 두둥!

진화   응? 갑자기 웬 두둥?

플루토스   이러한 사람들의 특징은 의심이 많고 너무 현실적이어서 얼음 같다는 이야기를 많이 듣지. 사랑에 빠지기 힘들고. 진짜 왕자님이 나타나도 의심을 하지. 바로 너 같은 인간!

진화   뭘 믿으라는 건지나 빨리 얘기하시죠.

플루토스   너처럼 의심 많은 사람은 상상을 잘해도 그 의심 때문에 100% 믿지를 못하지. 상상하고 의심하고, 상상하고 의심하고를 반복하면 우주가 어떨 것 같아?

진화   헷갈리겠죠. 주문이 입력됐다가 지워졌다가, 또 입력됐다가 지워졌다가. 에라이! 이진화 주문 포기!

플루토스   역시 이해가 빠르군. 강하게 원하는 마음으로 상상해도 강하게 의심하면 주문이 실현되지 않거나 너무 오래 걸려. 너는 성격이 급하잖아. 빨리빨리 안 되면 안 되잖아. 지금 너의 머리 위에 현금이 100억 원 쌓여있어. 그런데 방해물이 그것을 막고 있어서 1000만 원만 내려와 있어.

진화   어떤 짜식이 제 돈을 가로챈 거죠? 가만두나 봐라.

플루토스   그 짜식은 바로 **의심**이야. 너의 의심. 사람들은 복권을 어떤 마음으로 살까?

진화   당첨을 기대하고 사겠죠.

플루토스   근데 왜 당첨이 안 되지? 로또가 되면 무엇을 할지 상상도 했을 테고 나름 계획도 세워놨을 텐데.

진화   뭐 운이 나빠서 그런 것 아닐까요?

플루토스   복권을 강하게 원하고 있지만 한편으로는 강하게 의심하고 있어. '나는 어차피 복권에 안 되지', '이런 건 운 좋은 사람이나 되겠지', '이 동네는 당첨자가 한 명도 없던데' 하고 말이야. 어차피 안 될 생각을 하면서 왜 복권을 사는지 모르겠어. 안 될 거라고 의심하면서 강하게 원하고 있으니까 정말 아이러니하지.

진화   진짜, 모순이네요.

플루토스   의심을 해결하는 방법이 있지. 만약 너의 남자친구가 바람을 피우고 있다고 친구에게서 전화가 왔어. 너는 친구의 말을 믿을 수 없었지.

현정 _ 진화야 너 남자친구 다른 여자랑 함께 있더라. 내가 똑똑히 봤어.

진화 _ 뭐? 그럴 리 없어. 걔는 나밖에 몰라. 방금 전에도 집에 있다고 통화했어.

현정 _ 아니야. 너 남자친구 맞다니까. 내 말을 믿어. 이제 그 남자 만나지 마.

진화 _ 야! 난 못 믿겠어.

플루토스   이러한 전화를 받으면 어때?

진화 이런! 친구가 질투 나서 하는 말이야. 믿을 수 없어. 친구가 의심스러워. 내가 직접 증거를 찾아야지.

플루토스 그래. 증거를 잡아야지. 의심이 들면 증거를 찾으면 돼.

진화 근데 남자친구 바람이랑 부자랑 무슨 상관이 있어요?

플루토스 남자친구가 바람났다고 전화를 받았지만 너는 친구 말을 믿지 않았지. 혹시나 하는 마음에 남자친구 집 근처로 달려갔는데 다른 여자랑 손을 잡고 있었지 뭐야. 증거 포착!! 친구가 맞았네.

진화 친구 말을 믿었어야 했네!

플루토스 부자도 똑같아. **네가 부자가 될 수 없다고 의심이 든다면, 부자가 될 수 있다는 증거를 찾아야지. 그래야 너는 부자가 될 것이라고 믿지.**

진화 남자친구는 증거를 잡기가 쉽지만 제가 부자가 될 수 있는 증거는 어떻게 찾죠?

플루토스 아까 좋은 집에 사는 상상을 하다가 실제 네 집에 들어갔는데 바퀴벌레가 나왔다는 거지?

진화 그래요.

플루토스 부자가 된 사람들 중에 바퀴벌레가 나온 집, 오래된 집, 가난한 집에서 태어난 사람들이 부자가 된 증거를 찾아보는 거야.

진화 그걸 제가 어디서 찾죠?

플루토스 부자 부모 밑에서 자란 사람 빼고는 거의 가난한 집에서 자라서 부자가 됐지. 그럼 부자가 된 사람들의 책이나 동영상 혹은 신문기사를 보면 많지.

진화 아하, 생각나는 사람들이 있어요. 글로벌기업 켈리델리의 창립자 '켈리 최'도 어려운 형편에서 자랐어요. 낮엔 봉제공장에서 일하고 밤에는 야간 고등학교를 다니면서 꿈을 이루었죠. 지금은 유럽 12개 나라 1,200개 매장, 연매출 6,000억 원을 이룬 멋진 기업인이죠. '월트 디즈니'는 어린 시절부터 아버지께 용돈을 받지 못했어요. 9세 때부터 아침, 저녁으로 신문 배달을 했었죠. 10대 후반에는 학교를 다니면서도 아르바이트를 했고요. 자기계발 명강사인 '조 비테일'은 노숙자 시절을 보낸 적도 있어요. 지금은 유명한 베스트셀러 작가이면서 영화에도 출연하고 작곡가로도 활동하지요.

플루토스 음… 아주 잘 아는군.

진화 예를 들자면 아주 많지요. 미국에서 가장 큰 호텔을 소유한 '콘래드 힐튼'은 금융공황의 여파로 집안이 망했죠. 20세 때 호텔 벨보이를 시작하면서 자신이 호텔 주인이 될 것이라고 꿈을 꾸었죠. 결국 그 꿈을 이루었어요.

플루토스 어려운 집안에서 자랐지만 어떤 사람은 부자가 되고, 어떤 사람은 계속 가난하게 된 건 무엇 때문일까? 믿음 때문이지. 지금의 부자들은 자신이 확실히 부자가 되리라는 것에 의심이 없었지. 부자가 될 것이라 믿었기 때문에 지금의 그들이 있는 거야. 부자가 된 너를 상상하다가도 '내가 진짜 부자가 될 수 있을까?' 의심이 든다면, 너와 비슷한 상황이거나 더 어려운 상황에 있었지만 지금은 부자가 된 사람들을 찾으면 믿을 수 있겠지. 남자친구의 바람을 직접 눈으로 확인한 것처럼 말이야. 그 증거들을 찾다 보면 부자가 될 수 있다는 믿음이 생길 거야. 그 사람들의 증거를 보고도 부자가 안 된다면 너는 바보야. 그들도 했는데 너는 왜 못해?

진화 이렇게 쉽게 바보로 만들다니… 그런데 의심이 나쁜 건 아니잖아요.

플루토스 그렇지. 이렇게 증거와 사례들을 수집하다보면 너도 그들과 닮아가게 되어 있어. 부자들도 그렇게 한 걸음씩 해나갔던 거라고.

99%의 의심을 80% → 60% → 30% → 10% → 1% → 0% 로 줄여가는 거지. 그렇다면 **반대로 1% 믿음이** 20% → 40% → 70% → 90% → 99% **로 늘어가지.**

진화 얼마나 믿느냐에 따라 모든 것이 달라지는군요.

플루토스 의심을 빨리 줄이고 믿음을 빨리 늘리는 방법이 하나 더 있어. **'나는 부자가 되는 중이야'**라고 말하는 거야.

진화   내가 부자가 되는 중이라고요?

플루토스   자, 집에 들어갔는데 바퀴벌레를 보았다. 그럼 난 지금은
         부자가 아닌데… 하는 의심이 들기 시작할 찰나.

진화   **아 괜찮아. 난 부자가 되는 중이니까.**

플루토스   그렇지. '부자가 아니라서 이런 집에 사는구나'라고 의심하
         지 말고 '하하 괜찮아. 난 부자가 되는 중이야'라고 말하면
         돼.

진화   알겠습니다. 바퀴벌레야 안녕? 하하하. 내가 부자가 되
         는 중이라 이제 곧 네가 영원히 없을 곳으로 이사 가는 것
         을 알고 인사하러 왔구나. 너도 알고 있구나? 내가 부자가
         되는 중이라는 것을. 하하하. 이미 온 지구에 소문이 났다
         니, 진짜 내가 부자가 될 건가 봐!

플루토스   …….

   당신은 당신이 부자라는 사실을 믿고 있는가? 그런데 아직도
고민하고 있다면 부자가 아니다. 더 이상 의심하지 마라. 앞 장에
서 우리는 우리가 무엇을 원하는지 찾았고 그것들을 상상했다. 그
것들을 이루는 과정이 아닌 이미 원하는 것을 얻은, 부자의 상태
에서 상상했다. 그 상태를 계속 유지해야 한다. 의심이 들면 비슷
한 상황에 있는 증거들을 찾아라.
   '나는 해외여행을 가고 싶어. 하지만 돈이 없어.'

의심한다면 '돈이 없어도 해외여행을 간 사람들이 있을까?' 하고 증거를 수집한다. 1명이라도 증거가 나온다면 돈이 없어도 나역시 해외여행을 갈 수 있다는 것이다. 그리고 '나도 돈이 없지만 해외여행을 갈 수 있다'라고 믿는다.

실제로 나는 이렇게 돈이 없어도 해외를 여러 번 갔다 왔다. 대학생 때는 학교에서 주최하는 봉사활동으로 중국과 베트남을 갔다. 대학원 때는 오히려 돈을 받고 미국을 2번이나 갔다 왔다. 돈이 없으면 해외를 가지 못한다고 믿기 때문에 가지 못하는 것이다. 나는 돈이 없어도 해외를 갈 수 있다고 100% 믿었고 그 소원은 이루어졌다.

원하는 것을 이룬 일은 해외여행뿐 아니라 수없이 많이 일어났다. 나는 내가 믿고 상상하는 것은 다 이루어졌다. 그리고 미래에도 그럴 것이다. 부자가 되고 싶다면 부자가 될 것을 믿어라. 어떤 상황이 와도 의심하지 마라. 내가 바퀴벌레에게 인사한 것처럼 말이다.

부자에게 운은 마지막 단계야.
100%가 성공이라 하면 90%까지
최선의 노력을 다하는 거야.
이렇게도 해보고, 저렇게도 해보고,
할 수 있는 모든 것들을 다 쏟아붓지.
그리고 실패도 하지. 또 다시 도전하지.
90%를 만들기 위해서 말이야.
그리고 '나는 모든 것을 했다. 더 이상은 없다'라고 할 때
그때 남은 10%를 운에 맡기는 거야.
그 남은 10%의 운이 따라주면 100%
성공을 하게 되지.
부자는 그 10%의 운을 가지고
'운이 좋아서 성공했다'라고 말하지.

2 부자가 되는 행동법

부자는 바로 결단하고
행동하며 후회하지 않는다

"결단력이 있는 사람에게는 실패가 종종 정상으로 밀어 올리는 데 필요한 결단의 계기가 된다."

디어도어 루빈

결국 이사를 하기로 결정했다. 살고 있는 집을 부동산에 내놓았고, 이사 갈 집을 알아보기로 했다. 플루토스가 알려준 대로 '나는 이미 이사를 갔고, 딸과 맛있는 식사를 한다, 햇살이 살며시 들어오면서 상쾌한 아침을 맞이한다, 깨끗한 화장실에서 샤워를 하고 뽀송뽀송한 빨래를 갠다, 아이도 함께 행복하다'고 상상하고 그것이 이루어질 것이라 믿고 있다. 이제 이사만 남겨두고 있다. 이사 갈 집이 나를 기다리고 있다는 것이 느껴진다.

띠리리링~ 띠리리링~

진화 _ 여보세요.

부동산 사장님 _ 사모님. 아직 집 구하시죠? 조건에 맞는 괜찮은 집이 나왔어요. 언제 보러 오실 수 있어요?

진화 _ 제가 평일에는 일을 해서 주말에 갈 수 있어요.

부동산 사장님 _ 이 집은 주말 전에 나갈 것 같은데… 가격도 다른 집보다 싸고 깨끗해요. 입주 날짜도 맞춰 준다고 해요. 다른 부동산에서도 손님들을 모시고 가고 있어요. 곧 나갈 것 같아요. 더 빨리 보실 수 없을까요?

진화 _ 아 그래요? 그럼 오늘 일찍 퇴근하고 갈게요.

'오호, 드디어 상상했던 집이 나온 건가' 생각이 들자 일이 손에 잡히지 않았다. 집을 볼 생각에 설레는 기분을 감출 수 없었다. 일을 일찍 끝내고 부동산으로 향했다.

진화 _ 사장님. 그 사이 집 나간 거 아니죠?

부동산 사장님 _ 아까 계약하고 싶다는 손님 있었는데 사모님 보여 드리려고 보류시켜 놓았어요. 어서 가서 보시죠.

진화 _ 네. 감사합니다.

집에 들어가는 순간, 좋은 향기가 났다. 방도, 화장실도, 부엌도 모두 정말 깨끗했다. 햇살이 들어와 따뜻하고, 층도 높고, 앞을 가리는 건물도 없어 속이 뻥 뚫리는 느낌이었다. 뷰도 좋았다.

진화 _ 와, 너무 좋은데요!

부동산 사장님 _ 네, 정말 좋아요. 계약금 지금 넣으세요. 아니면 놓칠 수 있어요.

진화 _ 지금요? 지금 바로요? 고민할 시간 좀 주시면 안 될까요?

부동산 사장님 _ 아까 보신 손님들도 바로 계약금 넣겠다고 하는 것을 사모님이 먼저 전화 주셔서 보류시켜 놓은 상황이에요. 다른 부동산에서도 서로 계약한다고 하구요.

진화 _ 그래도 집 계약하는 건 너무 큰 돈이라… 마트에서 과자 사는 것도 아니고, 지금 이 자리에서 바로 결정하기는 어렵죠. 저는 과자 하나 살 때도 엄청 고민하는데요….

부동산 사장님 _ 기회는 올 때 잡으셔야죠.

진화 _ '아, 어쩌지? 사장님이 그냥 계약시키려고 나를 설득하는 거 아냐? 근데 집은 너무 마음에 드는데… 딱 상상했던 집인데… 아, 어쩌지! 더 좋은 집이 나오면 어쩌지? 덜컥 계약했는데 더 좋은 집이 더 싸게 나오면? 아, 누가 나 대신 결정 좀 해주면 좋겠다.'

나는 이 집을 계약했을까? 안 했을까? 결국 못했다. 며칠 후 부동산에 전화를 걸었다.

진화 _ *사장님 그 집 나갔죠?*

부동산 사장님 _ *그날 바로 계약됐어요. 그때 왜 안 하셨어요.*

진화 _ *아 네… 그러게요. 왜 그랬을까요? 혹시 또 좋은 집 나오면 전화주세요.*

부동산 사장님 _ *네네, 그럴게요.*

플루토스 오늘 좀 우울해 보이네. 요즘 상상한 집으로 이사 간다고 들떠서 기분이 좋아 보이더니.

진화 아, 마침 원했던 집이 나왔는데…

플루토스 거봐, 내 말 맞지? 원하는 대로 된다니까. 그래서 계약했어? 이사는 언제 해? 그런데 이사 가는데 기분 좋아야지 왜 우울해 보여?

진화 계약을 못했어요.

플루토스 뭐? 왜 못했어?

진화 부동산 사장님이 기회를 줬는데 제가 그 순간 결단을 내리지 못했어요. 놓쳤어요. 흑흑.

플루토스 내가 너 결정 장애 때문에 이런 일 일어날 줄 알았다.

진화 일어날 줄 알았으면 말을 해줬어야지. 그때 계약할 때 귀띔이라도 해주지. 그때는 모습도 안 보이더니 뒤늦게 나타나서 염장 지르고 말이야. 일부러 책임 안 지려고 안 알려준 거죠?

플루토스 네가 못한 걸 왜 나한테 화를 내냐? 그건 네가 **결단해야 지.** 실컷 부자 과외 받아놓고 결단을 못하면 무슨 소용이 있어.

진화 아! 나의 우유부단과 결정 장애… 누구를 원망하리.

플루토스 가난한 사람이 부자가 못 되는 주요 원인 중 하나가 결단 력 부족이야. 대부분 사람들이 결단을 못 내려. 친구를 만 나면 '너 뭐 먹을래?' 물으면 '아무거나'라고 대답하지. 밥 먹기 위해 만났는데 뭐 먹을지 못 정해서 1시간이나 걸 리니. 말 다 했지 뭐야. 나 같으면 배고파서 못 참았을 텐 데… 다들 대단해. 한 끼 먹는 것도 못 정해서 1시간을 꾸 물거리니 말이야. **다들 꾸물거림병에 걸렸어.**

진화 흥, 나는 꾸물거림병에 걸렸을 정도는 아닌데.

플루토스 부자가 될 사람과 부자가 되지 못하는 사람은 꾸물거림병 에 걸렸는지 안 걸렸는지를 보면 바로 알 수 있지. **부자는 지금, 바로, 즉시 결단하는 데 익숙해져 있어.** 가난한 사람 은 결단을 내리는 데 아주 오랜 시간이 걸리지. 그리고 그 결정을 자주 번복하지. 그것도 엄청 빨리. **결단은 느리고 마음을 바꾸는 것은 빠르고.** 이랬다, 저랬다. 어휴, 그게 더 힘들겠다.

진화 결단했다가 후회할까봐 그러죠!

플루토스 후회? 사람들은 어차피 후회하잖아. 그 집을 계약했다고 치자. 너는 후회하지 않았을까? 이사를 했는데 아랫집에서 층간소음 때문에 올라왔어. 그럼 넌 어땠을까?

진화 에이, '괜히 이 집 계약했네' 후회했겠죠.

플루토스 거봐. 계약해도 후회하고, 안 해도 후회하고. 어차피 후회한다니까.

진화 그건 모르죠. 그 집에 안 살아봤으니까. 아랫집에서 안 올라왔을 수도 있잖아요.

플루토스 맞아. **네가 결정하지 않은 것은 알 수 없어. 해 봐야 알 수 있지.** 그 집을 계약하는 게 맞는 건지, 계약하지 않는 게 맞는 건지는 아무도 몰라. 하지만 사람들은 어떤 선택을 해도 후회한다고. 아랫집에서 올라오지 않더라도 그 집에 살면서 무언가 마음에 안 들면 넌 후회했을 테지. 세상 무슨 일이든 100% 만족할 수는 없으니까.

진화 이래도 후회하고 저래도 후회하면 어떻게 결단을 내려야 하죠?

플루토스 **덜 후회하는 쪽을 선택하는 거지.** 그렇게라도 결단을 해야지. 지금 집을 보고 부동산 사장님이 계약금을 넣으라고 한다면, 다시 선택하라고 한다면 어떻게 할 거야?

진화 계약을 해도 후회, 안 해도 후회라면… 계약할래요. 그게 덜 후회될 것 같아요. 그래도 그 집에서 살아보고 후회하는 것과 살아보지도 않고 후회하는 건 다르니까요.

플루토스 맞아. 경험을 해야 우리는 알 수 있어. 그런데 경험을 하려면 결단해야만 가능하지. 그 집에 살아봐야 '이 집은 이런 게 장점이구나. 단점이구나' 알 수 있고 '다음에는 이런 것들을 참고해서 집을 알아봐야겠구나' 깨닫게 되지. 그렇게 되면 점점 더 좋은 집으로 이사를 갈 수 있겠지.

진화 아, 부자들도 이런 시행착오를 겪으면서 부자가 되었겠네요. '결단하고, 경험하고, 후회하고'를 반복하면서요.

플루토스 하지만 부자는 후회하지 않아. 경험했다고 생각하지. 가난한 사람은 자신의 결단이 마음에 들지 않으면 후회한다고 하지. 부자는 결단을 하고 마음에 들지 않으면 경험했다고 생각해. 그래서 부자는 다시 앞으로 나아갈 수 있는 거야. 이렇게 경험할 수 있어서 감사한 거지. 가난한 사람은 후회라고 생각하니까 앞으로 더 나아가지 못하는 거지.

진화 그럼 저처럼 결단을 잘 못하는 사람은 일단 결단할 때는 덜 후회하는 선택을. 그리고 그 결단에 대해 어떤 결과가 나오든 경험으로 감사하기.

플루토스 그렇지!

진화 그런데 더 빨리 결단할 수 있는 방법은 없나요?

플루토스 어떤 일이라도 빨리 결단하는 것에 습관되어 있어야 돼.

진화 아, 잠깐만요. 배가 고파서 밥부터 먹고요. 메뉴만 먼저 고른 다음에 이야기해요. 먹는 건 중요해요. 메뉴 탐색을 해야 돼요. 어… 뭐 먹지? 이건 뭐가 들어갔지? 여기 베스트 메뉴가 무엇인지 중요해. 인기 많은 메뉴가 잘 팔린다니까.

플루토스   어휴, 또 시작이다. 메뉴 고르는 데 한참 걸리겠네. 메뉴를 빨리 결정하려면 어떻게 해야 돼? 미리 이 식당의 메뉴를 알아보고 오면 되잖아. 그럼 메뉴 탐색을 하지 않고도 바로 결정할 수 있어. 그리고 베스트 메뉴를 꼭 찾지 말고 네가 좋아하는 음식을 골라. 남들이 맞다고 그게 정답은 아니니까. 그리고 결정했으면 후회하지 마. 이 메뉴를 시켜도 후회, 저 메뉴를 시켜도 후회해. 사람들은 자신이 시켜놓고 '오늘은 이거 별로네. 저거 먹을 걸 그랬나' 하고 아쉬워하지. 다음에 다른 메뉴 먹어보면 되잖아. 경험이 중요하지. 한번 결정한 메뉴에 대해 더 이상 생각하지 말고 '잘 먹었다'만 생각하라고.

진화   밥 먹을 때는 개도 안 건드린다는데. 메뉴 고르는 것까지 잔소리하다니…

플루토스   먹는 거 고르는 거니까 얘기하지, 바보야. 그럼 중요한 일 결정할 때 이런 걸 설명하냐? 메뉴 결정이나 계약 결정이나 똑같아. 작은 일을 결정하는 데도 오래 걸리니 큰 계약을 하는 데는 더 오래 걸리지. 평소에 준비를 하자는 거지.

진화   아하, 그렇네. 이사를 간다고 결단했으면 이런 집, 제가 생각했던 조건의 집이 나오면 계약하겠다고 결단하기를 미리 준비해야 했네요.

플루토스   그렇지. 부자나 가난한 사람이나 살다 보면 갑자기 결단해야 하는 일이 생겨. 부자는 언제나 결단할 준비가 되어 있지만 가난한 사람은 그때 되어서야 결정하려니 한 발 늦어 버리지.

진화   그래서 부자는 결단이 빠르군요. 다시 집을 알아볼게요. 그리고 미리 준비하고 바로 결단하는 걸로… 저는 부자니까 메뉴 고르기도 빠르다고요.

플루토스   이제야 말귀를 알아듣는군.

진화   사장님, 베스트 메뉴는 소고기덮밥이지만 전 연어를 좋아하니 연어덮밥 주세요. 연어덮밥 먹으려고 미리 알아보고 준비하고 왔어요. 히힛.

가난한 사람은 결단이 느리고 부자는 결단이 빠르다. 부자는 왜 결단이 빠를까? 미리 결단할 것을 준비하고 있기 때문이다. 이미 상상했다. 원하는 것을, 구체적으로. 그리고 그것을 가질 수 있다고 믿었다.

부자는 그것을 가질 기회가 오면 바로 결단하는 것까지 준비를 한다. 부자는 즉시, 그 자리에서 결단한다. 결단하고 일어나는 일에 대해서는 어떠한 경우도 후회하지 않는다. 경험으로 생각하고 더 나아가기 위한 발판이라 생각한다.

바로 결단하는 것은 어렵다. 우리는 바로 결단을 내리는 것에 익숙하도록 훈련해야 한다. 그러려면 결정을 해야 하는 순간에 스스로 질문해야 한다.

'무엇을 더 후회할 것인가?'

어차피 이래도 후회하고 저래도 후회한다면 덜 후회하는 쪽을 선택하면 된다. 그리고 결단하고 난 뒤는 후회도 아쉬움도 품지 말아야 한다. 모든 것을 경험으로 생각하고 감사하면 된다. 우리는 이렇게 부자가 되어가는 중이다.

부자가 되려면 걸음마를
시작하는 아이처럼 행동해야 한다

"나는 행동이 사람의 생각을 가장 훌륭하게 해석해 준다고 늘 생각해왔다."

존 로크

진화　　깔깔깔. 이거 진짜 재밌다. 1편부터 다시 봐야지.

플루토스　뭐하냐? TV에 푹 빠져서 정신이 없네. 이사는 안 가기로
　　　　한 거야?

진화　　무슨 소리예요? 이사 가기로 했고 생각했던 집이 나오면
　　　　바로 계약하기로 결단했어요.

플루토스　그런데 하루 종일 TV만 보고 있어?

진화　　그럼 뭐해요? 부동산 사장님이 좋은 집 나오면 전화 준다
　　　　고 했는데.

플루토스　그러니까 아직도 네가 가난하지.

진화는 볼륨을 높인다.

진화   아… 안 들려 안 들려.

플루토스   **네가 바라는 것을 가지려면 행동을 해야지.**

진화   사장님이 전화 주기로 했다니까요? 내가 뭘 해요. 뭐, 부동산이라도 차려요? 아무 집에 가서 집 내놨냐고 물어봐요?

플루토스   그래. 이러고 있을 거면 차라리 그거라도 해라. 부동산 사장님이 손님이 얼마나 많은데 너만 신경 쓰고 전화를 주겠니? 나 같으면 너한테 전화 안 할 걸.

진화   아, 그럼 뭘 하라고요. 사장님한테 뇌물이라도 갖다 줘요?

플루토스   네가 할 수 있는 건 다 해야지. 무작정 이렇게 집을 기다릴 것이 아니라 네가 직접 찾아보는 행동을 해야지. 사장님께 가서 얼굴도 비추고, 다른 부동산에도 가보고, 여러 집들을 보면서 비교도 해보고, 가격도 얼마 정도 하는지 알아보고, 할 게 얼마나 많은데… 직접 발로 뛰어야 된다고! 상상했던 집보다 더 좋은 집을 보면 네가 원했던 집이 또 바뀔 수도 있잖아. 그리고 발로 직접 뛰면 사장님들도 더 열심히 알아봐주지.

진화   아, 정말! 재미있게 보고 있었는데… 오늘까지 이거 다 보고 내일 할게요.

플루토스 안 돼. 지금 해야 돼. 지금 당장.

진화 아, 왜요? 오늘 하나 내일 하나 뭐가 달라요?

플루토스 부자들은 어떤 일을 다른 날로 미루지 않아. **지금 당장** 한다고. 롸잇 나우. **부자에게 과거와 미래는 없어. 지금만 있을 뿐이야.** 원하는 것을 얻으려면 지금 당장 움직여. 오늘 좋은 집이 나왔는데 다른 사람이 채가면 어떻게 할래?

진화 그건 뭐 내 집이 아니겠죠. 그 집이랑 저랑 인연이 아닌가 보죠.

플루토스 부자는 자기가 얻을 것을 얻기 위해 확실한 행동을 하지. 그리고 얻지. '또 기회는 오겠지'라고 생각하지 않아. 기회가 올 수는 있지. 그것이 언제 올지는 아무도 몰라. 너는 네가 해야 할 행동을 내일 한다고 하지만 실제로 내일이 오면 그것을 할 시간이 안 생길 수도 있어. 내일은 없어. 오늘, 지금만 있을 뿐이야.

진화 오늘? 지금만?

플루토스 가난한 사람은 아무것도 행동하지 않고 기다리기만 하지. 부자는 기다리지 않고 직접 행동하지. 그래서 세상은 어쩌면 공평한 거야.

진화는 어쩔 수 없이 TV를 끈다.

부자 엄마, 가난한 엄마
RICH MOM POOR MOM

진화　　아~ 한참 재미있었는데… 뭐하라고요? 지금 부동산에 가라고요?

플루토스　무엇을 해야 하는지는 네가 찾아야지. 생각만 하고 그것으로 끝내려고 했어? 사람들은 너처럼 아무 행동도 하지 않고 포기하기 바빠. 본인이 행동하지 않았으면서 세상이 자신을 버렸다고 생각해. 그러고는 부자들을 욕하지. 부자들이 얼마나 그것을 얻기까지 노력하면서 행동했는지는 모르지.

진화　　음…음….

플루토스　원하는 것을 상상하고, 믿었고, 결단했다면 실행할 수 있는 다양한 방법을 찾아야지. 그리고 행동을 해야 부자가 되는 거야. 집을 원하면 집을 보고, 대출도 알아보고, 직접 가서 계약서에 도장을 찍고 이사를 해야 네 집이 되는 거야. 차를 원한다면 머릿속에 차를 떠올리는 건 기본이고 직접 가서 차를 타보고 만져보고, 상담을 받아보고, 어떤 매장이 서비스를 더 해주는지 알아봐야지.

진화　　음… 행동?

플루토스　해외여행을 가고 싶은데 소파에 누워서 과자 먹으면서 '난 언제 해외여행 가나?' 그러고만 있으면 해외여행을 갈 수 있겠어? 평생 못가지.

진화　　그 많은 일을 언제 다 해요? 부자는 되고 싶은데 할 일이 너무 많네요. 뭐부터 해야 하지?

플루토스 원하는 것을 상상하면서 **'그것을 위해 내가 지금 당장 할 수 있는 일은 무엇인가?'** 스스로 질문해 보는 거지.

진화 지금 당장 할 수 있는 일? 이사를 가기 위해서는 내가 살고 싶은 지역의 부동산을 찾아가봐야겠어요. 갔는데 아무 성과가 없으면 어떻게 하죠? 그때 계약을 못한 것처럼 또 실패하면 어쩌죠?

플루토스 딸이 처음 걸었을 때 생각나?

진화 당연히 생각나죠. 그때를 어떻게 잊겠어요. 갑자기 딸은 왜요?

플루토스 딸이 걸음마 연습을 했을 때 몇 번을 넘어지고 일어나고 반복했지?

진화 셀 수없이 많죠. 넘어져서 울기도 많이 울었죠.

플루토스 **부자가 되려면 걸음마를 시작하는 아이처럼 행동해야 돼.** 아이는 넘어졌다가 다시 일어났다가를 반복하다 결국은 걷게 되지. 아이는 넘어질 때 무슨 생각을 했을까? 어차피 넘어질 거니까 걸을 필요 없다고 생각했을까? 그랬다면 영원히 걷지 못하고 기어 다녔을 거야. 그런데 본능에 따라 행동하지. 아이는 태어나서 내가 지금 할 수 있는 것이 무엇일까? 생각하지. 누워만 있던 아이는 뒤집기를 하고, 뒤집기에 성공하면 배밀이에 도전하는 거야. 그리고 그다음은 걸음이었고. 아이는 뒤집고, 기어 다니고, 걷는 것들을 해야겠다고 결단했고, 행동한 거야.

진화 음… 행동!

플루토스 부자들도 마찬가지야. 부자가 되기 위해 지금 당장 내가 할 수 있는 것들을 찾아서 행동한 거야. 본능처럼 말이야. 부자들은 행동할 때부터 넘어지고 일어나고를 반복할 것을 당연하게 생각하지. 한 번의 행동으로 성공해서 영원한 부자가 될 것이라고 생각하지 않아.

진화 세상에 공짜가 없군요. 아이가 처음 뒤집었을 때, 기어 다녔을 때, 걸었을 때가 생각나네요. 그 작은 아기가 뒤집기 위해 얼마나 용을 쓰던지.

플루토스 사람들은 어른이 되면서 행동하기를 점점 두려워해. 잔머리만 굴리지. '어떻게 하면 편하게 부자가 될 수 있을까? 누워서 떡을 먹을 수는 없을까?'

진화 아이도 하는데 제가 못할 게 없겠네요. 저 또한 첫걸음마를 위해 넘어지고 일어나고를 반복했을 그런 아이였을 테니까요. 첫걸음을 위해 행동하고 또 행동했던 저로 돌아가야겠어요. 우리 어른들은 왜 크면서 점점 겁이 많아졌는지 모르겠네요.

플루토스 무엇을 하려고 하면 어른들에게 "~하지 마!", "그런 행동은 나빠", "~하면 큰일 나"라는 말을 듣고 자라서 그렇지.

아이들은 정확한 이유도 모른 채 어른이 하지 말라고 하니 시키는 대로 했을 뿐이야. 하라고 하는 것보다 하지 말라고 하는 것들이 더 많아지다 보니 할 수 있는 게 없어진 거지. 할 수 있어도 실패와 두려움 때문에 행동하기가 어려워진 거지.

진화　맞아요. 하고 싶어도 안 되는 이유만 찾다 보니 결단해도 행동까지가 힘들어요. 두려움을 이기고 행동할 수 있는 방법은 없을까요?

플루토스　아이가 어렸을 때를 다시 한번 생각해봐. 아이는 처음 뒤집기에 성공했어. 그리고 배밀이를 했지. 다음에는 무엇을 했지?

진화　기어 다녔어요. 그리고 섰고 그다음 걸어 다녔죠.

플루토스　아이가 뒤집기와 배밀이, 기어 다니기, 서기를 하지 않고 걸어다닐 수 있었을까?

진화　절대 못하죠.

플루토스　아이는 뒤집기를 했기 때문에 배밀이를 할 수 있었던 거야. 배밀이를 했기 때문에 기어다닐 수 있었지. 그리고 섰기 때문에 걸을 수 있었어. 걸었기 때문에 뛸 수 있었고. 우리가 어떤 행동을 할 때도 마찬가지야. 하나씩, 하나씩 해나가는 거야. **사람들은 부자가 되려면 엄청 크고 대단한 행동을 해야 한다고 생각해. 그러니 그런 대단한 행동을 할 자신이**

없는 거지. 엄두조차 못 내는 거야. 하지만 작은 행동부터 시작하면 그다음 무엇을 해야 할지 정확하게 보여.

진화 　작은 행동을 시작하면 그다음에 무엇을 해야 할지 보인다?

플루토스 　그래. 아이가 뒤집기에 성공하고 난 뒤 배밀이를 해야겠다고 느꼈던 것처럼 말이야. 아이가 태어나자마자 '나는 걸어야 해'라고 생각했다면 아마 평생 누워있었을 거야. 아이에게 걷는 건 너무 엄청난 일이니까. 뒤집기를 했더니 '아하 이제 배밀이를 해야겠네' 하고 행동한 거지.

진화 　와우, 작은 행동부터 시작하면 된다는 것을 생각도 못했어요. 이렇게 작은 행동을 하나씩 해 나가다보면 용기가 생기고. 나중에는 큰 결단과 행동도 용기 있게 할 수 있는 거고. 부자들을 보면 '어떻게 저런 행동을 할 용기가 생겼을까?' 신기했거든요. 이런 비밀이 있었다니!

플루토스 　부자들도 처음부터 부자가 아니었지. 가난한 자신이 '지금 나의 위치, 상황에서 무엇을 할 수 있을까?' 생각하고 작은 행동들을 시작했고, 행동하니 그다음은 무엇을 해야 할지 보였던 거야. 하지만 행동하지 않으면 절대 그다음 행동은 알 수 없어. 이것은 진리야.

진화 　알겠습니다. 지금 당장 준비해서 나가겠습니다.

플루토스 　좋았어!

진화 _ 사장님. 안녕하세요.

부동산 사장님 _ 어머, 사모님. 저번에 그 집 왜 계약 안 했어요?

진화 _ 그러게요. 저도 너무 아쉬워요. 이제는 원하는 집 나오면 바로 계약하려고요.

부동산 사장님 _ 아, 난 다른 집 계약해서 이미 이사하신 줄 알았는데… 그래서 사모님께는 아예 전화 안 하고 있었죠.

진화 _ 그래서 연락이 없으셨구나. 오늘 안 왔으면 큰일 날 뻔했네요.

부동산 사장님 _ 아, 맞다! 아까 사모님 오기 바로 5분 전에 어떤 분이 집을 내놨는데 저번 집 그 조건으로 해주신다네요. 층이랑 뷰도 더 좋은 집이에요.

진화 _ 정말요? 지금 바로 볼 수 있을까요?

부동산 사장님 _ 당연하죠. 지금 다른 분께 전화하려던 참이었는데, 마침 오셔서 다행이네요. 오늘 안 오셨으면 이 집도 아마 계약됐을 거예요. 이제 이 가격은 마지막이에요.

진화 _ 집 너무 좋아요. 바로 계약할게요!

우리는 결단하고 행동하기까지 많은 시간을 소비한다. 빨리 부자가 되기 위해서는 이 시간들을 줄여야 한다. 시간을 줄이기 위해서는 작은 행동부터 시작하자. 작은 행동을 하다 보면 나도 모르게 '다음에 어떤 행동을 해야 하는지' 보이기 시작한다. 이것은 확실하다.

부자는 결단하고 행동하기를 수없이 반복한다. 결단과 행동하기를 얼마나 많이 반복하느냐에 따라 부자가 언제 될 수 있는지 결정된다. 당신은 행동할 용기가 필요하다. 이 용기는 당신이 스스로 만들어야 하며, 키워나가야 한다.

당신은 할 수 있다. 지금 걷고 있다면 당신도 할 수 있다는 결과이다. 태어났을 때 당신은 누워 있었으니까.

두려움은 오히려 좋은 것,
두렵다면 문제를 해결하면 된다

"희망 없는 두려움이란 있을 수 없고 두려움 없는 희망이란 있을 수 없다."

바뤼흐 스피노자

율아 _ 우와, 이거 엄마야? 엄마가 이런 걸 할 줄 알았어?

딸 율아가 엄마의 어릴 적 사진을 보며 감탄한다.

진화 _ 응, 엄마는 8살에 가야금을 시작해서 거의 20년 넘게 연주했지. 이건 10살 때 가야금 전국대회에 나간 사진이야. 그날 무대에서 잘한 사람들에게 상을 줘. 초등학생부터 어른까지.

율아 _ 지금 내 나이랑 똑같네. 그런데 이렇게 사람이 많은 곳에서 연주한 거야?

진화 _ 그럼. 무서운 심사위원들이 엄마가 잘하는지, 못하는지,

실수는 하는지, 안 하는지 뚫어져라 쳐다보고 있었지. 함께 가야금을 배운 친구들도 엄마가 가야금 연주하는 것을 보고 있었어. 전국대회니까 전국에서 가야금을 하는 사람들이 모인 거야.

율아 _ 안 떨렸어? 나는 무서워서 못할 거 같아.

진화 _ 엄마도 무서웠지. 그런데 무섭다고 도망갈 순 없잖아. 그 대회에 나가기 위해 엄청난 노력을 했었으니까. 두렵지만 준비했던 시간들을 떠올리면서 이겨낸 거지.

율아 _ 난 두려움은 싫어.

진화 _ 두려움은 나쁜 게 아니야. 자연스러운 거야. 엄마는 매년 몇 번씩 전국대회에 나갔어. 그렇게 많은 대회에 출전했어도 나갈 때마다 두려웠어. '틀리면 어쩌지?' '악보를 까먹으면 어쩌지?' 걱정했지.

율아 _ 그렇게 많이 대회에 나갔는데도 나갈 때마다 계속 두려운 마음이 생겼던 거야?

진화 _ 그렇지. 똑같은 대회를 매년 나가도 두려운 건 마찬가지였어. 무대에 서기 직전, 그리고 무대에 앉아서 연주할 때 가장 두려웠어. 하지만 그 두려움 때문에 연습을 엄청 많이 하게 되었고, 엄마의 가야금 실력은 더 좋아졌지. 대회에 남들보다 많이 나간 만큼, 두려움도 더 많이 느꼈지만 그만큼 엄마는 두려움을 이겨내면서 성장한 거지.

*율아_* 두려운 게 나쁜 것만은 아니네. 난 두려우면 도망가거나 숨는 건 줄 알았는데.

*진화_* 두렵다는 건 좋은 거야. 두려움이 엄마를 성장시켜 줬잖아. 두렵지 않았다면 엄마는 20년 동안 가야금을 하지 못했을 거야. 뭘 했으려나… 엄마도 궁금하네.

플루토스　오, 이진화가 갑자기 철들었나?

진화　저도 나름 열심히 고생하면서 살았다고요.

플루토스　알지. 알지. 지금의 너를 보면 알 수 있어.

진화　보기만 해서 어떻게 알아요?

플루토스　사람은 살면서 두려움을 얼마나 이겨내 왔는지에 따라 달라지지. 그게 그 사람의 현실인 거지. 너는 겁이 많지만 때로는 겁이 없어. 어릴 때부터 훈련되어 왔던 거지. 두려움은 그때 그 순간 지나가면 별것 아니라는 사실을 깨달은 거지. 그러니 남들은 두려워서 못하는 것들을 너는 그냥 하는 거지.

진화　저도 아직도 두려운 건 마찬가지예요. 돈이 많아지면 좀 나아지려나.

플루토스　돈이 많으면 많은 대로, 적으면 적은 대로 인간은 두려워. 부자는 부자대로, 가난한 자는 가난한 자대로 두렵지. 두려움을 느끼는 것은 똑같은데 가난한 사람은 두려움을 나쁜 것이라 생각하고 어쩔 줄 몰라 하지. 부자는 두려움을 당연하다고 생각하고 받아들이지. 두려움을 느끼는 것은 당연한 거야.

진화 두려움이 당연하다? 걱정, 스트레스, 공포, 불안, 근심, 떨림 이 모든 것도 두려움에서 오는 거죠? 그래서 두려움은 당연한 것이라고 하는 거죠?

플루토스 그렇지. 두려움도 하나의 신호, 의사표현이야. 만약 회사에서 일이 많아 스트레스를 받는다고 하자. 어떻게 해야 스트레스가 없어지지?

진화 일을 다 해야 없어지죠.

플루토스 그래. 하지 않으면 그 스트레스는 계속돼. 그냥 하면 끝나는 거야. 너는 이 일을 하지 않으면 안 된다는 두려움을 느끼는 거지. 그리고 스트레스를 받는 거야. 두려움은 신호를 주는 거야. 두려움은 너에게 '지금 이 일을 해야 됩니다' 말하는 거야. 부자들도 마찬가지야. 가난한 시절 두려움을 느꼈지.

진화 부자들도 두려움이 있나요?

플루토스 부자들도 두려웠고 지금도 두렵지. 부자가 되는 과정에서 수많은 두려움이 찾아오지. 사업을 하면 '내가 잘할 수 있을까?, 혹시 사업이 잘못되면 우리 가족과 직원들은 어떻게 될까?' 두렵지. 투자를 하면 '지금 이렇게 투자하는 것이 맞을까? 사기당하는 거면 어떻게 하지?' 하고 또 두려웠지. 그런데 부자들은 어떻게 이러한 두려움을 이겨냈을까?

진화 글쎄요… 혹시 어디 용한 점집을 알고 있는 거 아닐까요? 점쟁이가 어느 정도 정해주면 두려움이 없어질 것도 같은데… 저에게도 거기 정보 좀?

플루토스 점집 같은 소리 하고 앉아 있네. 정신 좀 차려라. 부자들은 어차피 가난한 그 시절도 두려웠어. 그래서 생각했지. 지금 가난하게 사는 것도 두렵고, 사업을 하든, 투자를 하든 두려운 건 마찬가지라고. 그런데 지금처럼 죽을 때까지 가난하게 사는 두려움이 더 무서웠던 거지.

진화 에잇, 난 또 용한 점집이라도 있는 줄 알았더니… 그럼 그 사람들에게 가난에 대한 두려움이 '부자가 돼'라고 신호를 준 거네요. 두려움은 진짜 좋은 신호네요.

플루토스 맞아. 사람들은 두려움을 '피해라, 모른 척해라, 무서워해, 그런 것은 네가 할 일이 아니야'라는 신호로 받아들여. 하지만 **두려움은 '너도 할 수 있다'라고 말하고 있는 거야.** **두려움은 말하지.** **'나를 무서워하지 마. 제발 나를 그렇게 무섭게 보지 말아 줘. 너도 할 수 있어. 그냥 하면 돼. 도전해 봐.'**

진화 어릴 때부터 대회에 나가고, 고등학교와 대학입시 시험을 치를 때가 생각나네요. 그 신호를 느꼈어요. 너무 두려웠죠. '왜 항상 이 기분을 느껴야 할까', '이 두려움은 왜 반복해도 사라지지 않을까' 하구요. 하지만 하고 나면 별거 아니었어요. 그때 잠시 느끼는 감정이었을 뿐이었어요. 아마 해내지 못했다면, 두려움을 이겨내지 못했다면 별거 아니라는 것을 몰랐을 거예요. 그래서 두렵지만 또 해내고, 두렵지만 또 해내고. 반복할 수 있었나 봐요.

플루토스 그때 두려움을 외면했다면 지금의 이진화는 없었을 거야. 어떤 결정을 해야 할 때 두려워서 결정 못하는 사람들을 봐봐. 그만큼 **두려움을 이겨낸 경험이 부족하다는 거지. 두려움도 익숙해져야 돼. 경험이 쌓여야 더 큰 두려움도 이겨낼 수 있는 힘이 생긴다고.** 너는 그 무대에서의 두려움에 익숙해지기 위해 무엇을 준비했지?

진화 연습이요. 죽어라 연습만 했죠. 무대에 서면 너무 떨리고 무섭죠. 그것을 이겨낼 수 있는 방법은 연습밖에 없어요. 너무 떨리지만 연습을 많이 하면 손이 저절로 움직여요. 정말 신기하다니까요. 머리도, 몸도, 손도 떨린데 손은 자기가 연습했던 대로 움직이고 있다니까요. 무대에 서면 악보가 생각이 안 나거든요. 근데 손이 움직여요. 그러니 연습을 안 할 수 없어요. 무대에서 두려움을 이기는 방법은 그것밖에 없거든요.

플루토스 무대에서의 두려움 말고도 다른 두려움들도 똑같아. 두려움을 해결할 수 있는 강력한 힘은 연습이야. 계속 해보는 거라고. 오늘 100층 높이의 건물 꼭대기에 간다고 생각해봐.

진화 100층이요? 어휴 절대 못 가요. 63빌딩도 무서운데.

플루토스 첫날은 무섭지. 둘째 날도 무섭지. 셋째 날도 무섭지. 그런데 넷째 날은 덜 무섭지. 다섯째 날도 덜 무섭겠지. 한 달 뒤에 가면 어떨까? 그냥 올라갈 거야.

진화 진짜 그냥 아무렇지도 않게 올라갈 수 있을까요?

플루토스 사람마다 다르겠지만 시간이 지나면 익숙해지지. 100층을 간다고 하면 '100층은 위험하다'는 생각에 100층을 가지도 않았는데 1층부터 무서워서 심장이 두근거려. 아무리 속으로 '안전해, 안전해'라고 마음을 다스려도 무서움은 사라지지 않아. 그런데 100층을 하루, 이틀, 사흘, 일주일, 한 달 가다 보면 어떨까?

진화 100층도 안전하다고 생각이 들 것 같은데요. 무섭지 않을 것 같아요. 아이가 놀이기구 타던 것이 생각나요. 놀이기구를 타러 갔는데 처음에는 무섭다고 안 탄다고 하다가 계속 타다보면 무서움을 즐기면서 타더라고요.

플루토스 맞아. **익숙해지면 별것 아니라는 것을 깨닫게 되지.**

진화 부자들은 두려움을 좋은 신호로 생각하고 그것을 위해 준비를 했고, 그랬기 때문에 두려워도 할 수 있었던 거네요. 알겠습니다! 제가 그 어린 나이에도 그 두려움을 이겨냈는데 지금 부자가 되기 위해 무엇을 못하겠습니까? 두려움 따윈 없다! 아 아니, 어차피 두려움은 있다! 하지만 익숙해지면 된다. 해결하면 된다. 아자! 아자!

이 책을 읽고 있는 당신은 두려운가? 무엇이 두려운가? 두려움은 나쁜 것이 아니다. 좋은 신호라는 것을 알아야 한다. 해결해 달라고, 해결하면 별것 아니라고 당신에게 이야기하는 것이다.

두려움에 익숙해지기 위해 준비를 하라. 해결하고 나면 별것 아니다. 두렵고 해결하고 마음 편하고, 두렵고 해결하고 마음 편하고. 우리는 죽을 때까지 이 과정을 반복해야 한다.

그러니 피하지 마라. 피해봤자 그 두려움이 없어지지 않는다. 부자는 이 과정을 즐기고 있다. 이 과정을 즐기지 못하면 부자가 될 수 없다. 피하는 순간 당신은 계속 가난해야 한다.

실패는 실패가 아닌
또 다른 기회이자 경험이다

"완벽을 위해 노력한다 할지라도 그 결과는 놀라울 정도로 다양한 불완전함이다. 너무도 다양한 방식으로 실패할 수 있는 우리의 다재다능함이 놀라울 뿐이다."

사무엘 맥코드 크로터스

플루토스 두려움을 더 강력하게 해결할 수 있는 방법이 하나 더 있기는 한데…

진화 오, 그게 뭔데요? 혹시 안 떨리는 약? 혹시 우황청심환? 그거 효과 짱이죠. 기존의 약보다 더 강력한 약이 새로 출시되었나요?

플루토스 약? 그런 약이 있어? 사람들의 심장이 콩알만 하다는 게 사실이었군.

진화 심장이 콩알만 하거나, 강심장이거나 인생에서 중요한 순간이 있다고요. 저처럼 실기 입시를 볼 수도 있고, 회사 면접을 본다거나 그 정도면 큰 사건이죠. 그거 안 먹었다가 수능이라도 망치거나 대학에 떨어지거나 취직이 안 되면 어떻게 하라고요? 인생 끝나죠.

플루토스 그까짓 것 다시 하거나 대학 안 가면 되지.

진화 그까짓 것이라니요. 대학에 떨어져 봐요. 1년 재수해야 해요. 취직 안 돼 봐요. 돈이 없다고요, 당신이 돈 줄 것도 아니면서.

플루토스 그게 꼭 나쁜 건가? 재수해서 더 좋은 대학에 갈 수도 있잖아. 그 회사에 취직 안 되면? 더 좋은 곳에 취직할 수도 있잖아. 면접 준비하다가 좋은 배우자를 만날 수도 있고. 사람들이 싫은 건 재수가 아니야. 면접에서 탈락하는 게 아니라고. **그냥 실패하는 게 싫은 거라고.**

진화 실패를 좋아하는 사람이 어디 있어요? 한번에 탁! 탁! 붙어줘야지.

플루토스 너처럼 생각하는 사람들 때문에 주위 사람들이 그렇게 하지 못하면 실패했다고 우울해하는 거야. 남들은 저렇게 잘하는데 나만 못한 것 같다는 좌절감에 실패했다고 느끼는 거야. 학생들이 수능을 잘 못 보면 '이번 수능은 실패했어. 난 끝났어'라고 한탄하지. 그게 왜 실패지? 그렇다면 수능을 잘 본 사람들은 모두 성공해야 하고, 부자가 되어 있어야 하는데 말이야. '수능을 잘 본 사람만이 모두 성공하고 부자가 된다'는 논리는 한번도 들어보지 못했어. 들어본

적 있어?

진화　그런 논리는 저도 못 들어봤죠. 하지만 그 시기에는 얼마나 큰 상실감으로 다가오겠어요.

플루토스　그건 수능을 잘 못 본 학생의 잘못이 아니라 '수능은 무조건 잘 봐야 한다, 그래야 좋은 대학엘 간다, 그래야 좋은 회사에 취직한다, 그래야 돈을 많이 번다, 그래야 부자가 된다'라는 가치관 때문이야. 이 말이 사실이라면 수능을 잘보고, 좋은 대학에 가고, 좋은 회사에 취직해서 돈을 많이 벌어 부자가 된 사람은 과연 몇 퍼센트일까?

진화　그건… 그러고 보니 제 주위에 수능을 잘 보고, 좋은 대학엘 가고, 좋은 회사에 취직하고, 돈을 많이 벌어 부자가 된 사람은 한 명도 없는데요? 그냥 시집을 잘 가서 부자가 되었거나, 투자를 잘해서 부자 된 사람들이 더 많네요.

플루토스　그래. **그때는 그것이 실패라고 느껴지지만 시간이 지나면 하나의 과정일 뿐이야.** 이제 '수능을 잘 못 보면 실패한 것이다'라고 말할 수 있을까? 방금 얘기했듯이 수능을 잘 못 본 학생은 더 열심히 해서 더 좋은 대학에 갈 수도 있어. 자신이 좋아하는 일을 찾아 그 일을 할 수도 있고, 바로 취직해서 돈을 벌 수도 있어. 나중에 그 학생이 수능을 잘 본 친구보다 더 성공하고 부자가 되었다면 그에게 수능은 실패였을까? 수능을 잘 못 본 것은 **실패가 아닌 오히려 기회**

가 된 거지. 수능을 잘 봤다면 좋은 대학에 갔을 테고 취직했을 테지. 남들과 같은 가치관을 가지고…. **나는 실패를 '기회'라고 말하지만 사람들은 실패를 '끝'이라고 말해.**

진화   실패는 기회다… 그런데 왜 실패가 기회라고 생각하지 못했죠?

플루토스   진짜 두려운 건 실패가 아니야. 다른 사람에게 "너는 실패했다"는 말을 듣는 게 무서운 거지.

진화   어머, 이 말이 더 무서운데요. **'다른 사람이 실패했다고 생각할까봐 실패했다고 생각한다'**라니…

플루토스   수능을 잘 못 본 학생은 생각하지. '다른 친구들은 내가 수능을 못 봤다고, 좋은 대학을 못 갔다고 하겠지? 아빠랑 엄마한테 미안해서 어쩌지? 나한테 실망하겠지? 형이랑 또 비교하겠지?' 남 눈치 보느라 자신을 바닥까지 몰아붙이지. 수능을 위해 공부한 자기 자신을 '수고했다'고 칭찬할 기회조차 주지 못한 채 말이야.

진화   수능을 실력대로 못 본 것도 고통스러운데 주위 사람들 눈치 보느라 더욱 고통스럽겠네요.

플루토스   하지만 시간이 지나고 나면 그 실패도 나중에는 추억이 되지. 학교에 다니는 학생 때는 수능과 대학이 인생의 전부 같지만, 막상 대학에 가고 사회생활을 하다 보면 '그때 그 일이 별것 아니었구나' 깨닫게 되지. 시간이 지나면 실패도 큰일이 아닌 기회라는 것을 알게 되지.

진화 반대로 말하면 기회를 많이 잡으려면 실패를 해야 한다? 오히려 실패를 해야 한다고 말하는 건가요?

플루토스 오~ 생각보다 똑똑한데?

진화 하하하! 제가 그래도 고등학교 때는 반에서 1등도 했었다 니까요.

플루토스 너를 봐봐. 1등 하면 뭐하니? 사람들이 말하는 '1등 하면 성공한다'라는 논리대로라면 부자가 되어 있었어야지.

진화 또 시작이네… 이렇게 무시당할 줄이야! 그나저나 실패는 왜 많이 해야 한다는 거예요? '부자가 되어라. 성공해라'는 말은 많이 들어봤지만 '많이 실패해라'는 처음 듣는데요.

플루토스 실패를 겁나게 많이 해봐야지. 그래야 진정한 부자가 될 수 있지.

진화 겁나게?

플루토스 사람들이 실패를 왜 한다고 생각해?

진화 음… 글쎄요. 실수 같은 거라고나 할까요?

플루토스 실패한다는 건 내가 그것을 완성하기에는 아직 부족하다 는 뜻이야. 실패를 해봐야 '아, 내가 이런 것을 몰랐구나. 이 점을 놓쳤구나' 깨닫게 되지. 그리고 자신이 무언가를 이루기 위해서는 무엇을 더 잘해야 하는지, 보완해야 하는 지를 알게 돼. 고치고 더 준비해서 다시 도전하는 거지. 또 실패할 수도 있겠지. 또 깨닫고 더 준비하고 또 도전하고 **계속 반복하는 거야.** 에디슨은 2천 번의 실패 후에 전구를 만들었어. 한 기자가 에디슨에게 물었지. "계속 실패했을 때 기분이 어떠셨나요?" 에디슨이 뭐라고 대답했을까?

진화   "실패할 때마다 힘들었죠." 이렇게 대답했나요?

플루토스   아니, 에디슨은 이렇게 대답했어. "실패요? 저는 단 한 번도 실패했던 적이 없었습니다. 단지 2천 번의 단계를 걸쳐 전구를 발명했을 뿐이죠." 만약 에디슨이 전구 만들기를 **포기했다면 그것이 진짜 실패지. 성공했기 때문에 실패가 아니었던 거야.**

진화   와, 그분은 전구도 만들고 말도 잘하시네요. 에디슨의 말을 들으니 답이 떠올랐어요. 아까 두려움을 없애는 가장 강력한 방법은 청심환이 아니라 '실패'였네요. 그래서 '실패는 성공의 어머니'라고 하는 거죠? 정답 맞죠?

플루토스   맞았어. **실패는 또 다른 기회이자 내가 부족한 것을 깨닫게 해주는 경험이지.**

진화   신기하게도 사람들은 에디슨이 실패한 것에는 관심이 없네요. 성공한 것만 기억하잖아요.

플루토스   사람들이 부자를 볼 때도 그렇지. 이미 부자가 된 모습에만 관심이 많지. 그 사람이 얼마나 많은 실패를 했는지는 관심이 없어. 수많은 실패를 통해 그들이 부자가 되었다는 것을 인정하고 아는 사람만이 진짜 부자가 될 수 있지.

진화 세상에 공짜가 없다는 말이 딱 그 말이군요. 실패를 겁나게 많이 할 준비 완료!!

완벽하게 모든 것을 구상하고, 0.1%의 오차도 실수도 없이, 정성을 다해 공을 들여 준비하고 있는 무언가가 있다고 하자. 당신은 성공할 자신이 있는가? 실패하지 않을 자신이 있는가?

당신은 실패할 수 있다. 세상이 그렇다. 우리는 어차피 완벽할 수 없다. 완벽하게 판단할 수 없으며 100% 정확하게 '그것이 맞다'고 할 수 없다. 그냥 실패를 자연스럽게 받아들이면 된다.

그냥 죽어라 해도 안 되는 건 그냥 안 되는 것이다. 실패를 했다면 기뻐하라. 나 자신을 냉정하게 다시 한번 돌아보는 경험이 될 것이다. 더 좋은 기회가 올 것이다. 자신을 포기하지 않으면 실패는 없다.

타고난 운은 없다.
운은 내가 만들어가는 것이다

"나는 운을 믿는다. 그리고 더 열심히 일할수록 더 많은 운이 따르곤 했다."

토마스 제퍼슨

율아 _ 엄마는 가야금 대회 나갈 때마다 상 탔어?

진화 _ 9살 때 첫 대회에 나가고… 그때부터 중학생인가? 16살 때까지는 대회에 나갈 때마다 상을 탔어.

율아 _ 오~ 1등도 해봤어?

진화 _ 엄마는 거의 1등 했지.

율아 _ 정말? 신기해. 엄마가 대회에 나간 것도 신기하고 1등 한 것도 신기해.

진화 _ 엄마도 그때 나 자신이 어떻게 그렇게 할 수 있었는지 신기해.

율아 _ 그럼 17살? 고등학교 때부터는 대회를 안 나갔어?

진화 _ 아니… 그때도 많이 나갔지.

율아 _ 그때는 상을 많이 안 탔어?

진화 _ 그때부터는 대회에서 상을 거의 못 탔어.

율아 _ 16살 때까지는 항상 1등하다가 17살 때부터 상을 못 탔다고? 연습을 안 했어? 아니면 갑자기 무대공포증이 생겼어?

진화 _ 아니, 오히려 17살 때부터 더 열심히 연습했어. 그런데 이상하게 아무리 연습하고 노력해도 상을 못 타는 거야. '상복'이 16살 때로 끝났나 봐.

율아 _ 상복이 끝났다고? 그게 무슨 말이야?

진화 _ 아~ 상 타는 운이 이제 끝났다는 뜻이야. 17살 때부터 대회에서 상을 타기 위해 엄청 노력했는데도 안 되더라고. 그래서 엄마는 '내 운이 16살로 끝났구나' 생각했지.

율아 _ 그런데 엄마 대학에 들어갈 때 1등 했다고 하지 않았어?

진화 _ 그랬었지.

율아 _ 뭐야. 그럼 운이 끝난 게 아니네. **엄마는 운이 좋은 사람이었네.** 상은 못 탔지만 상을 타야 할 운, 상복? 이랬나? 그게 쌓이고 쌓여 대학 때 한번에 팍! 하고 터진 거 아냐?

진화 _ 그런 거였나? 그러고 보니 율아 말이 맞는 거 같네. 엄마는 계속 대회에 떨어졌지만 포기하지 않고 계속 연습했거든. 그래서 실력도 더 좋아지고, 그게 쌓여서 대학 시험 볼 때 한번에 팍! 하고 터졌나? 그러고 보니 엄마가 그때 운이 좋았네.

율아 _ 지금도 엄마는 운이 좋잖아. 첫 번째 책도 쓰고 베스트셀러 저자도 되고, TV에도 나왔잖아. 우리 선생님이 그랬는데 책 쓴다고 다 베스트셀러 저자가 되고, TV에 나오는 건 아니래. 엄마는 운이 좋은 사람 같아.

플루토스 신기해. 신기해…. 아무리 봐도 신기해.

진화 갑자기 뭐가 신기하다는 거예요?

플루토스 네 뱃속에서 저런 딸이 나올 수 없어. 신기해… 아무리 봐도 신기해.

진화 엥? 제 뱃속에서 나왔지, 그럼 어디서 나오나요?

플루토스 신기해…

진화 아 정말, 계속 뭐가 신기하다는 거예요?

플루토스 네 뱃속에서 저런 똑똑한 딸이 나올 리가 없어.

진화 난 또 뭐라고… 드라마를 너무 많이 보신 거 아니에요? 아이를 바꿔치기라도 했을까 봐요?

플루토스 너를 보고 저 아이를 보면 그럴 수도……

진화 지금 장난해요? 얼굴이 저랑 똑같잖아요!

플루토스 신기해… 아무리 봐도 신기해… 저런 딸을 낳았으니 이진화가 참 운이 좋아.

진화 제가 봐도 딸 하나는 잘 낳은 것 같아요. 제가 좀 잘 키우기도 했고, 으흠! 그나저나 딸이 저보고 운이 좋은 사람이라네요. 로또나 당첨돼야 운이 좋은 사람이라고 생각했는데.

플루토스 운은 로또처럼 갑자기 오는 게 아니야. 만들어 가는 거지.

진화 운을 만들어 간다고요? 운은 그냥 갑자기 오는 뭐 그런 거 아닌가요? 백화점 갔더니 갑자기 경품 당첨되고, '심심한데 면접이나 한번 볼까?' 했는데 한 번에 붙고, 길을 가다가 갑자기 만원을 줍고, 청약 넣었는데 당첨되고, 로또 샀는데 당첨이 되고… 그런 우연히 오는 행운 같은 것 아닌가요?

플루토스 그래. 우리에게 갑자기, 우연히 오는 행운도 있지. 하지만 백화점에서 매번 경품에 당첨되고, 면접을 볼 때마다 합격하고, 길을 갈 때마다 만원을 줍고, 청약을 넣을 때마다 당첨되고, 로또를 살 때마다 1등에 당첨되는 그런 일은 살면서 몇 번 있을까 말까 하지. 평생 오지 않는 사람들도 있지. 그렇다고 그 사람들이 살면서 평생 운이 없는 사람은 아니잖아?

진화 뭐 살다 보면 작은 운들이 사람들에게 조금씩, 조금씩 생기면서 사는 거겠죠? 우리처럼 평범한 그런 작은 운들도 없으면 살 맛이 나겠어요? 부자들이야 항상 운이 좋겠지만…

플루토스 그런 작은 운들이 모이다 보면 큰 운을 만들어내지. 그리고 **부자들은 항상 운이 좋은 게 아니라 큰 운을 만들어낸 것이고.**

진화 작은 운들이 모여 큰 운을 만들어 낸다고요? 부자들은 운이 좋아서 부자 된 거 아닌가요?

플루토스 가난한 사람과 부자의 차이가 이거야. **가난한 사람은 어떤 일이든 운에 의존하지. 하지만 부자는 운에 의존하지 않아. 실제로 내가 아는 부자들은 로또나 복권을 사지 않아. 가난한 사람들은 한 번의 대박 운을 바라면서 로또를 많이 사지. 부자는 운에 의존하지 않으니 로또를 살 필요가 없지.**

진화 그래도 더 부자가 되기 위해 로또를 살 수도 있는 거 아닌가요?

플루토스 부자는 '운도 노력을 해야 들어온다'라는 것을 믿고 있지. **로또라는 것은 노력해서 얻는 것은 아니잖아. 가난한 자는 노력을 싫어하지. 그냥 운만 기다리지.**

진화 운이 노력을 해야 들어온다고요? 그럼 운이 운이 아니잖아요.

플루토스 사람들은 운에 대해 잘못 알고 있어. 아무것도 하지 않아도 가만히 있으면 오는 것으로 착각하고 있지. 가만히 있기만 해도 어디선가 돈 떨어질까 기다리는 건 비 오는 날 나만 비를 안 맞게 해달라는 것과 같지.

진화 부자들 인터뷰를 보면 "어떻게 성공하셨나요?" 물으면 "아~ 운이 좋았어요"라고 대답하던데요? 혹시… 혼자만 부자 되려고 성공한 비법을 알려주기 싫어서 그냥 운이 좋았다고 말한 것일까요? 부자들, 정말 치사하네… 욕심쟁이들!

플루토스 야! 사람이 다 너 같은 줄 아니? 너는 치사해서 혼자 부자 되려고 사람들한테 말도 안 하겠지… 빤하다 빤해.

진화 하하하하. 뭘 모르시네. 이래 봬도 전 대인배라니까요. 하하하.

플루토스 부자에게 운은 마지막 단계야. 100%가 성공이라 하면 90%까지 최선의 노력을 다하는 거야. 이렇게도 해보고, 저렇게도 해보고, 할 수 있는 모든 것을 다 쏟아붓지. 그리고 실패도 하지. 또다시 도전하지. 90%를 만들기 위해서 말이야. 그리고 '나는 모든 것을 했다. 더 이상은 없다'라고 할 때 그때 남은 10%를 운에 맡기는 거야. 그 남은 10%의 운이 따라주면 100% 성공을 하게 되지. 부자는 그 10%의 운을 가지고 '운이 좋아서 성공했다'라고 말하지. 10%의 운이 따라주지 않았으면 90%의 노력을 했더라도 성공하지 못했으니까. '운이 좋아서 성공했다'라는 부자들의 말이 맞지만 그들에게 그 운은 10%라는 것이야.

진화 저는 10% 노력하고 90% 운을 기다리고 있었는데……

플루토스 아니야. 너는 이미 90%의 노력을 하고 10%의 운에 맡겨 성공한 적이 있잖아.

진화 제가요? 언제요?

플루토스 딸이 말해줬잖아. 그렇게 눈치가 없냐? 신기해… 쟤 뱃속에서 그 딸이 나올 수가 없어.

진화 뭐라고요? 좀 크게 얘기해 주시죠?

플루토스 아, 아니야… 으흠, 넌 대학을 가기 위해 열심히 가야금을 연습했어. 고등학교 때 대회에 나갔지만 결과가 좋지 않았지. 그래서 두려웠지. 대회에서도 계속 떨어지니 대학에도 떨어질까 봐.

진화 이 짓을 1년 더 한다고 생각하니 도저히 못할 것 같더라고요. 그래서 더 악착같이 했었죠.

플루토스 너는 그때 네가 할 수 있는 90%를 다 했어. 그리고 마지막 10%는 운에 맡길 수밖에 없었지.

진화 제가 이 정도 하고서도 대학에 떨어진다면 그건 어쩔 수 없다고 생각했죠. 아쉬움은 없었어요. 최선을 다했으니까요.

플루토스 부자들도 똑같아. 너와 같은 노력, 그 심정으로 했던 거야. 부자들은 지금도 모든 일을 그렇게 하고 있지.

진화 그때가 생각나요. 사람들이 '와 축하해. 어떻게 합격한 거야?' 물으면 '그냥 운이 좋았네요'라고 대답했던 것이 기억나네요. 함께 열심히 연습한 친구들이 있었는데 어떤 친구는 떨어지고 어떤 친구는 합격했어요. 그 떨어진 친구들을 생각하니 '제가 열심히 노력해서 합격했어요'라는 말을 못 하겠더라고요. 그냥 '운이 좋았어요'라는 말밖에는 할 수 없었어요.

플루토스 그래. 운이라는 것이 그렇지. 노력해도 안 되는 것은 어쩔 수 없는 것이지. 하지만 친구들은 포기하지 않았지?

진화 그렇죠. 열심히 해서 다 좋은 대학엘 갔어요. 저도 그때 너무 기뻤고요.

플루토스 운이라는 것은 다 똑같은 시기에, 똑같은 방법으로 오지 않아. 사람마다 시기가 다르고, 방법이 다르지. 먼저 온다고 먼저 잘 되는 것도 아니고, 나중에 온다고 나중에 잘 되는 것도 아니지.

진화 그렇다면 제가 지금 부자가 아니어도 나중에도 부자가 아니라는 말은 아니네요? 저에게 부자의 운은 조금 늦을 뿐인가 봐요. 호호.

플루토스 90% 노력이라도 좀 하시지?

90%의 노력 이후에 10%의 행운마저
끌어당겨야 부자가 될 수 있다

"운은 계획에서 비롯된다."

브랜치 리키

진화   그렇다면 10%의 운은 그냥 복불복인가요? 좀 억울한데
요. 90%를 노력했는데 10% 운이 따라주지 않아서 안 된
다는 건 좀 그렇지 않나요? 대학시험 볼 때도 친구들 다
같이 열심히 했는데 누구는 합격하고, 누구는 떨어지고…
떨어진 친구들은 얼마나 억울해했는데요. 부자 되는 것도
마찬가지 아닐까요? 부자가 되기 위해 90%의 노력을 하
는 사람들이 있는데 10%의 운이 따라주지 않아 가난하게
산다면… 너무 분한대요.

플루토스   참나, 꼭 부자가 되기 위해 90%의 노력을 한 사람처럼 화
를 내네… **마지막 남은 10%의 행운도 끌어당겨야지.**

진화	행운을 끌어당긴다고요?
플루토스	노력한 자만이 90%를 채울 수 있는 것처럼 운도 준비가 된 사람에게 찾아오지.
진화	90% 노력도 모자라서 10%를 위해 또 준비해야 된다고요? '아 그냥 부자 되는 거 포기할까? 생각보다 너무 빡센데!'
플루토스	뭐라고? 뭘 포기한다고? 혹시 부자 되는 거?
진화	하하하하. 아니에요. 제가 부자 되는 걸 포기하다니요. 말도 안 됩니다. 하하.
플루토스	포기는 자유니까 언제든 편하게 말해. 너 말고도 부자 되고 싶은 사람 많으니까.
진화	아이고, 무슨 그런 말도 안 되는 소리를 하십니까? 저는 절대 그런 마음 가져본 적이 없습니다. 끝까지 해서 대학에 합격한 것 아시지 않습니까? 제가 '한다면 한다'로 유명한 사람입니다.
플루토스	그래? 네가 그렇다는 것을 한번도 못 들어봤는데… 그때는 대학 가서 빨리 미팅하고, 연애하고 싶다고, '재수는 절대 안 된다'고 해서 미친 듯 연습하고 공부했다고 들은 것 같기도 하고.
진화	제가 언제 그랬나요? 하하~ 그게 벌써 18년 전 일인데… 기억이 안 나네요. 아니, 이 얘기는 그만하고 10%의 행운은 어떻게 준비하면 되는지나 알려주세요.

플루토스 부자들은 '운은 내 편이다'라고 항상 믿고 있지.

진화 운이 부자들 편이라고요? 부자 됐다고 편 가르기 하나요? 어쩐지 요즘 하는 일마다 운이 없더라… 운도 돈 많은 사람들 편이었어. 쳇.

플루토스 '신기해.. 신기해… 병원에서 아이가 바뀌었거나 뭔가 있었어. 저렇게 멍청한데…'

진화 뭐라고요? 혼자서 계속 뭐가 신기하다고 중얼거리는 거예요?

플루토스 편 가르기를 하는 게 아니라 부자들은 '**내가 하는 일이 무엇이든 잘될 것이다. 그리고 나는 항상 운이 좋다**'라는 생각으로 운을 자신의 편으로 끌어당기지.

진화 하하하. 그럼 진작 그렇게 얘기하시지. 저는 운도 편 갈라서 차별하는 줄 알고.

플루토스 생각을 좀 해라. 생각을! **운이 좋다고 생각해야 운이 좋아지지.** 하는 일마다 '나는 운이 안 좋아, 운이 안 좋아' 하는 사람에게 운이 갔다가도 돌아가겠다. 안 그래?

진화 요즘 제가 '운이 안 좋아, 운이 안 좋아' 했더니 운이 안 따라오는 거였군요.

플루토스 운이 돈 많은 사람들 편이 아니라 너한테 갔던 운이 네가 '나는 운이 안 좋아' 하니까 운도 기분 나빠서 가버린 거야. 부자들은 '나는 운이 좋아, 운이 좋아'라고 항상 이야기하니까 운이 옆에 붙어 있지. 운도 자신을 좋아하는 사람에게 있고 싶지, 너랑 있고 싶겠냐?

진화 운도 이렇게 제가 말로 끌어당길 수 있다는 걸 상상이나 했겠어요? 그냥 하늘에서 돈벼락 떨어지는 그런 행운 같은 걸로 생각했죠.

플루토스 **부자는 '운은 내 편이다'라고 믿기 때문에 실패하더라도 포기하지 않고 더 노력할 수 있었지. 그리고 '나는 운이 좋다'라고 생각하는 사람은 어떤 일이든 긍정적으로 받아들이게 되고 그래서 더 좋은 결과를 낳기도 하지.** 너는 만약 원하는 일이 실패하면 어때?

진화 운도 더럽게 없네⋯ 하고 포기요.

플루토스 하지만 부자들은 실패하더라도 '나는 운이 좋은 사람이야. 분명 이 일이 성공하지 못한 것은 이유가 있었을 거야' 하고 다시 도전하지.

진화 부자들이 다르긴 다르군요⋯ 멘탈 최강인데요.

플루토스 만약 어떤 일을 결정할 때 'A를 할까? B를 할까?' 고민된다면 넌 어떻게 하지?

진화 바로 용한 점쟁이를 찾아가야죠. 한 곳만 가서는 믿을 수 없고⋯ 세 곳? 그 정도는 가서 A와 B 중에 무엇이 더 좋다고 하는지 들어보고, 더 많이 좋다는 쪽을 선택해야죠. 혹시 아시는 용한 데 있을까요? 지인소개할인가능?

플루토스 어휴, 네가 부자가 되면 그건 정말 100% 행운이다. **부자들은 A와 B, 어떤 것을 선택하더라도 운이 좋다고 생각해. 그래서 A를 선택해도, B를 선택해도 좋은 일만 일어나지.**

진화 가난한 사람들은 A를 선택해도, B를 선택해도 '나는 운이 없다'라고 생각하니 좋은 일이 일어나지 않는 거네요. 음… 그렇다면 부자들은 용한 점쟁이가 필요 없겠군요.

플루토스 운을 끌어당기려면 점쟁이를 만날 것이 아니라 운이 좋은 사람들을 만나야 돼.

진화 운이 좋은 사람들이요?

플루토스 **운은 전염이 돼. 그래서 운이 좋은 사람들과 오래 있으면 그 사람도 더불어 운이 좋아지지.**

진화 그래서 부자들은 부자들끼리 있는 건가요?

플루토스 당연하지. 부자들이 너를 만날 일은 없잖아?

진화 아.. 진짜… 또 시작이네. 운이 좋은 사람들과 함께 있으면 '나도 운이 좋다'라는 생각이 들 수밖에 없겠네요.

플루토스 맞아. **운이 좋은 사람에게 '운의 에너지'를 받는 거지. 그 에너지는 퍼지고 퍼져서 다 함께 운이 좋아지지. 그 사람들은 또 운이 좋은 사람들을 계속 찾게 되고, 서로가 서로를 끌어당기지. 그렇게 되면 그 사람들의 '운의 에너지'는**

점점 더 커지게 되겠지.

진화   저는 부자들이 사업 정보나 투자 정보를 서로 공유하려고
만 만나는 줄 알았는데… 서로의 '운의 에너지'를 받으려고
만나기도 하는 거였네요.

플루토스   그렇지.

진화   '운이 좋다'고 생각하면 운이 좋아지고, 운이 좋아지다 보면
운이 좋은 사람들을 만나게 되고, 운이 좋은 사람들을 만나
게 되면 더 운이 좋아지고, 이렇게 연결되네요.

플루토스   정확해. 그리고 **운이 좋으려면 기회가 올 때 바로 잡아
야 해.**

진화   '기회가 올 때 바로 잡아야 한다'는 말은 진즉부터 들었
어요.

플루토스   90%의 노력으로 준비가 끝났다고 하자. 그리고 기회가 왔
어. 근데 그때 잡지 못하면 90%의 노력은 그것으로 끝나
버리지. 물론 90%의 노력이 완전히 없어지는 것은 아니
야. 다시 기회를 기다리면 되니까. 하지만 그때 그 기회는
이미 지나간 거지. 언제 다시 기회가 어떻게 올지는 아무
도 모르지.

진화   와~ 기회라는 게 좋기도 한데 냉철하고 무서운데요.

플루토스   어쩔 수 없지. 기회라는 것은 그 사람이 잡지 못하면 다른
누군가가 잡는 것이거든. 그것을 무작정 기다려 줄 수는

없지. 너는 이직하려고 준비하고 있었지. 마침 다른 회사에 스카우트 제의를 받았어.

진화 와우~ 상상만 해도 좋은데요?

플루토스 너는 90%의 노력을 마친 상태였지. 당연히 그러니까 스카우트 제의를 받았겠지. 하지만 너는 고민하다가 기회를 놓쳤어. 그 회사는 어떻게 했을까?

진화 다른 사람을 뽑았을까요?

플루토스 당연하지. 그 회사에는 그때 그 일을 해줄 사람이 당장 필요했으니까.

진화 그럼 저는 다시 다른 회사에서 스카우트 제의를 받거나 이력서를 내서 회사를 옮길 때까지 기다려야 하는 거죠?

플루토스 그래야겠지. 행운이 왔지만 잡지 못한 거야.

진화 **운이 좋긴 하지만 때로는 냉정한 존재군요.**

플루토스 사람도 세상도 다 그런 거 아니겠어? 이게 쉬운 거라면 이 세상에는 부자들이 더 많아야지, 그런데 그렇지 않잖아.

부자가 되기 위해서는 90%의 노력이 필요하다. 그리고 10%의 행운이 함께 올 때 100%가 완성된다. 타고난 운은 없다. 내가 90%를 만들지 않으면 운도 오지 않는다. 누워서 하늘에서 떨어질 운만 기다리고 있지 마라. 그러다 평생 누워 있어야 한다.

90%의 노력은 내가 할 수 있는 최선을 다하는 것이다. 그리고 더 이상은 의지할 곳 없을 때 그때는 운에 맡겨야 한다. 그게 남은 10%다. 10%의 운도 중요하다. 중국 춘추시대 전략가 손무가 쓴 《손자병법》에는 이렇게 적혀 있다.

"용장(勇將)은 지장(智將)을 이기지 못하고,
덕장(德將)은 복장(福將)을 이기지 못한다."

용장(勇將)은 용감한 장수
지장(智將)은 지혜로운 장수
덕장(德將)은 인덕이 있는 장수
복장(福將)은 운이 좋은 장수

"용감한 장수는 지혜로운 장수를 이기지 못하고, 인덕이 있는 장수는 운이 좋은 장수를 이기지 못한다"는 뜻이다. 용장, 지장, 덕장을 갖춘 장수보다 운이 좋은 장수를 이길 수 없다고 강조한다. 그만큼 운은 중요하다. 우리는 운을 끌어당기기 위해서는 준비해야 한다. 어떻게 하면 운을 끌어당길 수 있을까?

첫째, '나는 운이 좋다'라고 믿는다.
둘째, 운이 좋은 사람들과 함께한다.

셋째, 기회가 오면 바로 잡는다.

우리는 90%의 노력을 헛되이 해서는 안 된다.

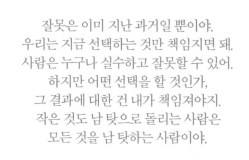

잘못은 이미 지난 과거일 뿐이야.
우리는 지금 선택하는 것만 책임지면 돼.
사람은 누구나 실수하고 잘못할 수 있어.
하지만 어떤 선택을 할 것인가,
그 결과에 대한 건 내가 책임져야지.
작은 것도 남 탓으로 돌리는 사람은
모든 것을 남 탓하는 사람이야.

3 부자가 되는 실천법

부자가 되기 위해서는
끈기와 인내심이 필요하다

"훈련을 하다 보면 늘 한계가 온다. 근육이 터져버릴 것 같은 순간. 숨이 턱까지 차오르는 순간. 주저앉아 버리고 싶은 순간. 이런 순간이 오면 가슴속에서 뭔가가 말을 걸어온다. '이 정도면 됐어', '다음에 하자' 하는 속삭임이 들린다. 이러한 유혹에 문득 포기해 버리고 싶을 때도 있었다. 하지만 이때 포기하면 안 한 것과 다를 바 없다. 99도까지 열심히 올려놓아도 1도를 올리지 못한다면 물은 끓지 않는다. 물을 끓이는 마지막 1도, 포기하고 싶은 그 마지막 1도를 참아내는 것이다. 이 순간을 넘어야 다음 문이 열린다. 그래야 내가 원하는 세상으로 갈 수 있다."

'김연아의 7분 드라마' 중에서

치킨과 마늘이 만났다~ 새로운 갈릭치킨~ 뚜루루루~ 뚜루루루~

> **진화 _** 사장님. 후라이드 반, 양념 반 주문할게요. 아, 새로 나온 갈릭치킨? 그걸로 주문할게요. 주소는…
>
> **치킨집 사장님 _** 주소 알아요. 입력해 놨으니까요. 근데 일주일 만에 전화 주시네요. 어디 여행 갔다 오셨어요?
>
> **진화 _** 일주일밖에 안 됐나요?
>
> **치킨집 사장님 _** 오래된 거죠. 원래 이틀에 한 번씩 전화했잖아요.
>
> **진화 _** 하하하, 아이쿠 민망해라. 제가 그렇게 자주 시켰나요? 그럼 단골인데 치즈볼 서비스로 주세용~

치킨집 사장님 _ 알겠어요. 빨리 갖다 드릴게요.

플루토스 내 그럴 줄 알았지. 이번 다이어트도 글렀군.

진화 흐흐흐… 제가 언제 다이어트한다고 했나요? 위도 쉴 시간이 좀 필요한 것 같아서 좀 덜 먹었던 것뿐이죠. 평일에 일하고 주말에 쉬듯이 제 위도 휴식을 가진 거죠. 휴식을 취했으니 또 일을 해야죠. 제 위는 소중하니까요.

플루토스 **넌 다이어트 못하면 부자도 못 돼.**

진화 지금 치킨값 아까워서 그런 겁니까? 제가 사면 될 거 아니에요. 일주일 동안 치킨값 아꼈으니 제가 살 테니 같이 먹어요. 지금 치킨값 내라고 할까봐 선수 치는 거죠? 아무리 치킨값이 내기 싫어도 그렇지, 치킨 안 먹는 거랑 부자랑 무슨 관련이 있다고.

플루토스 넌 다이어트하기로 해놓고는 일주일 만에 포기했잖아.

진화 일주일이나 참은 건 정말 대단한 거예요. 칭찬을 해주셔야죠. 보통 '작심삼일'이라구요. 사람들이 얼마나 자주 3일 만에 포기하면 '작심삼일'이라는 말이 나왔겠어요. 저는 '작심일주일'이나 했다니까요.

플루토스 '작심삼일'이나 '작심일주일'이나 끝까지 못한 건 못한 거지.

진화 〈실패는 기회이자 또 다른 경험이다〉라는 베스트셀러 이진화 저자가 쓴 책에서 못 보셨어요? 실패는 좋은 거라고요.

플루토스 너는 계속 다이어트를 실패했잖아. 실패가 기회가 되어 더 좋게 되어야 실패가 좋은 거지. 너의 몸무게는 계속 늘어가고 있으니 다이어트에 실패한 거지. 네가 왜 계속 다이어트를 매번 실패하는지 알아? 빨리 날씬해지려는 욕심 때문이지. 너는 일주일 전, 10킬로그램을 빼려고 다이어트를 시작했어. 그리고 3일 뒤 몸무게를 쟀지만 그대로였지. 그때 넌 무슨 생각을 했어?

진화 '이상하다. 3일 동안 덜 먹고, 운동도 열심히 했는데 왜 살이 안 빠지지?' 생각했죠.

플루토스 그리고 4일 뒤는?

진화 '뭐야! 1킬로그램 밖에 안 빠졌잖아. 아~ 언제 10킬로그램 빠지는 거야. 일주일이나 지났는데. 아 배고파 죽겠네… 에잇, 이렇게 해서 빠지지도 않는데 해서 뭐하겠어. 그냥 먹자' 하고 생각했죠.

플루토스 그리고 곧바로 치킨을 주문했지.

진화 너무 화가 났죠. 간절히 먹고 싶은 음식을 일주일이나 참고 죽어라 운동했는데 고작 1킬로그램이라니!

플루토스 사람들은 성격이 너무 급해. 그래서 부자도 못 되는 거야.

진화 다이어트 실패했다고 부자도 못 된다고요? 제가 뚱뚱, 아니 조금 통통해도 회사에서는 인정받는 능력자라고요.

플루토스 빨리 몸무게를 줄여서 날씬해지고 싶은 것처럼 사람들은 돈도 빨리 벌고, 빨리 투자해서 부자가 되고 싶어 하지. 그래서 돈 없는 사람도 빨리 돈을 많이 벌 수 있는 곳이 있다고 하면 덥석 투자하고, 돈이 많은 사람도 빨리 더 돈이 많아지고 싶은 욕심에 덥석 투자하지. 그렇게 돈을 다 잃고 나면 부자가 되겠다는 꿈은 사라지지. **부자는 '빨리'해서 되는 것이 아니라 누가 '끝까지' 하느냐에 따라 결정되지.**

진화 빨리가 아니라 끝까지?

플루토스 다이어트도, 부자가 되는 것도 하다 보면 실패할 수도 있지. 하지만 실패를 기회로 삼아 더 좋은 방법을 강구해서 다시 해보는 거지. 그리고 또 실패하고 또 해보는 거지. 그것들을 계속 반복하는 거야. 그러다 보면 어느 순간 날씬해져 있고 부자도 되어 있을 거야.

진화 어려움을 참고 끝까지 해야 부자가 된다는 거죠?

플루토스 그렇지. 다이어트도 인내하면서 끝까지 하지 못하는데 어떻게 부자가 될 수 있겠어? **부자가 되는 길은 더 큰 인내와 끈기가 필요해.**

진화 인내와 끈기라… 말은 쉽죠. 하지만 참고 견디면서 끝까지 무엇을 한다는 게 쉽지 않아요.

플루토스 '참아야 한다'고만 생각하니 끝까지 하기가 어렵지. 참는다는 것은 언젠가는 폭발하게 되어 있어. '참고 어쩔 수 없이 해야 한다'라고 생각한다면 그것은 고통으로 다가오지.

고통으로 다가오면 당연히 끝까지 하기 힘들어. '참고 한다'라는 것은 '싫지만 어쩔 수 없이 해야 한다'고 뇌는 받아들이잖아. 원하는 것이 성공이든 부자이든, 다이어트이든 **'나는 어떻게 하면 그것을 덜 고통스럽게 할 수 있을까?'**를 생각해야 해.

진화 　'나는 어떻게 하면 그것을 덜 고통스럽게 할 수 있을까?' 세상에 먹는 것 참기가 얼마나 고통스러운데 덜 고통스러운 방법이 있을까요? 부자 되기가 이렇게 힘드는데 덜 고통스럽게 부자 되는 방법이 있을까요?

플루토스　고통을 즐기는 거지.

진화 　고통은 고통이고, 즐기는 건 즐기는 거 아닌가요? 이것을 동시에 함께 할 수 있나요?

플루토스　우리는 어차피 무엇을 선택하든 고통스러워. 다이어트를 하지 않으면 고통스럽지 않을까? 살이 찌니까 옷도 맞지 않고, 거울을 보면 뚱뚱해진 자신에게 화가 나지. 다이어트를 하면 어떨까? 운동을 해야 하지. 안 하던 운동을 해서 온 근육에 알이 배겨. 먹고 싶은 것이 있지만 먹지 않아야 해. 다이어트를 하지 않아도, 다이어트를 해도, 어떤 것을 선택해도 고통스럽지.

진화 　어휴! 정말 그렇네요.

플루토스　부자가 되는 건 어때? 지금처럼 가난하게 살려고 하니 돈

이 없어. 돈이 없으니 원하는 것을 하지 못해. 가기 싫은 회사를 매일 출퇴근해야 돼. 사고 싶은 것을 살 수 없어. 부자가 되려고 하니 어때? 안 하던 저축을 해야 해. 사업을 하려면 구상해야 해. 직원들을 책임져야 해. 투자를 하려면 공부해야 해. 돈을 잃을까 불안해. 가난하게 살든, 부자로 살든 어떤 것을 선택해도 고통스럽지. 그렇다면 선택해야 해. 둘 중 하나는 무조건 선택해야 하지. 어떤 고통을 더 즐길 것인지를.

진화 둘 다 고통스럽기는 마찬가지네요. 하지만 저는 선택을 해야 하네요. 날씬해지고 싶고 부자도 되고 싶기는 한데… 끝까지 할 자신은 없고.

플루토스 고통을 즐길 수 있는 방법은 더 간절히 원하는 것을 선택하면 돼.

진화 더 간절히 원하는 것?

플루토스 그래. 너무 단순해. 사람들은 왜 이런 선택을 빨리 못하는지 모르겠어. 네가 먹고 싶은 것을 다 먹고, 하고 싶지 않은 운동을 하지 않으면 어때?

진화 이진화는 돼지가 된다?

플루토스 그럼 다이어트를 하면 어때?

진화 원하는 옷을 입을 수 있고, 자신감도 생기고, 예뻐지고…

플루토스 어떤 것을 더 간절히 원하지?

진화	날씬한 이진화요.
플루토스	그래서 다이어트를 하는 거야. 날씬해진 너의 모습을 떠올려봐. 아니면 원하는 사이즈의 옷을 사는 거지. 날씬했을 때의 사진을 계속 보는 거지. 다이어트는 고통스럽지만 그것을 즐길 수 있지. 네가 더 원했던 결과니까.
진화	그럼 가난보다는 부자를 선택할래요. 부자가 훨씬 간절함이 크죠. 부자가 되면 원하는 것을 할 수 있고, 당장 사표를 쓸 수 있고, 여행도 갈 수 있잖아요. **어차피 둘 다 고통스럽다면 더 간절하게 원하는 것을 선택하는 게 맞죠.**
플루토스	강아지들을 봐봐. 간식이라는 간절함 때문에 주인이 앉으라면 앉고, 뛰라면 뛰는 거야. 먹을 것이라는 보상이 없으면 아무것도 하지 않지. 우리도 마찬가지야. 우리는 부자가 되는 것을 생각하면서 인내하며 끝까지 해나가는 거지. 어떻게?
진화	고통을 즐기면서. 원하는 것을 이룬 나의 모습을 상상하면서요.

띵동~ 띵동~ 치킨 왔습니다.

| 진화 | 네. 감사합니다. 그래도 이왕 시킨 거 오늘까지만 먹을게요. 이 소중한 치킨을 어떻게 버리나요. 다이어트를 하든, 부자 |

가 되든 고통을 즐기려면 마지막 에너지를 쌓아놔야죠.

플루토스 못 말려… 그래. 실컷 먹어라.

우리는 평생 무엇인가 선택해야 한다. "이것을 선택하면 문제가 없다, 저것을 선택하면 문제가 있다"라고 말하지만 무엇을 선택하든 문제는 생긴다. 그리고 그 문제 속에는 고통이라는 것이 존재한다. 이 고통을 견디고 끝까지 하는 사람만이 부자가 될 수 있다. 그리고 성공할 수 있다.

그렇다면 어떻게 이 고통을 이겨나가겠는가? 그냥 즐겨라. 이것을 즐기지 못하고 끝내면 어차피 다른 고통이 온다. 부자가 된 나의 모습만 생각하라. 결과만 생각하면 된다. 서두를 필요 없다. 빨리 되는 자가 아닌 끝까지 하는 자가 승리한 자다.

내 선택으로 오는 결과는
모두 내 책임이라고 생각해야 한다

"저의 인생철학은 자신의 삶을 스스로 책임질 뿐만 아니라 이 순간 최선을 다하면 다음 순간에 최고의 자리에 오를 수 있다는 것입니다."

오프라 윈프리

진화 _ 사장님, 녹차라떼 한 잔 주세요.

카페 사장님 _ 네. 잠시만요.

진화 _ 근데 오늘 카페가 조용하네요. 이 시간에 항상 사람 많아서 앉을 자리도 없던데…

카페 사장님 _ 아니 글쎄, 그래서 요즘 스트레스 받아 죽겠다니까요. 카페 문 닫아야 하나 싶어요.

진화 _ 갑자기 왜요? 이 동네 카페도 없는데 이곳까지 닫으면 안 되는데.

카페 사장님 _ 옆 건물에 카페가 하나 더 들어왔는데 그 뒤로 장사가 잘 안돼요.

진화 _ 아 그래요?

카페 사장님 _ 하필 우리 카페 가까이 생겨서 손님들이 다 저 카페로 간단 말이에요. 매출도 줄어들고. 큰일이에요. 저 카페만 없으면 우리 카페가 잘 될 텐데…

진화 _ 아, 카페가 또 생겼군요.

카페 사장님 _ 녹차라떼 나왔어요.

진화 _ 네. 감사합니다.

녹차라떼를 마시며 새로 생긴 카페로 구경삼아 간다.

진화   진짜 여기는 사람이 많네. 오픈빨인가.

플루토스   뭘 봐? 녹차라떼 마시고 있으면서 또 뭐 먹을까 보는 거냐?

진화   앗! 깜짝이야!! 저 지금 다이어트 잘하고 있거든요. 케이크도 시킬까 하다가 녹차라떼 한 잔만 시켜서 나왔거든요. 그런데 우리 동네에 '본카페' 밖에 없어서 항상 사람이 많았거든요. 오랜만에 갔더니 사장님이 여기 새로운 '북카페'가 생겨서 장사가 안 된다고 하더라고요. 그래서 저도 밖에서 구경하는 중이었죠. 사람이 진짜 많기는 하네요. 본카페 사장님은 어쩌나. 북카페 때문에 장사가 안 되겠네.

플루토스   장사가 안 되는 게 왜 새로 생긴 카페 때문이야?

진화   그럼 누구 때문이에요? 저 카페가 없었을 때는 장사가 잘

됐었는데.

플루토스　**자신에게 일어나는 모든 일은 다 자기 책임이라고.**

진화　그럼 이런 상황이 그 사장님 책임이라고요?

플루토스　당연하지. 저 사장님은 자신이 장사가 안 되는 것을 다른 카페 때문이라고 핑계를 대고 싶은 거야.

진화　핑계요?

플루토스　본카페는 누가 차렸지?

진화　본카페 사장님이 차렸죠.

플루토스　근데 왜 장사가 잘되면 사장님 덕분이고 안 되면 다른 사람 때문이지?

진화　그건… 나는 가만히 있었는데 상황이 그렇게 만들 수도 있죠.

플루토스　**어떤 상황이 와도 선택한 사람이 책임을 져야 하는 거야.**

진화　잘되면 내 덕분, 안되면 남 탓? 뭐 이런 상황을 이야기하는 건가요?

플루토스　사람들은 자신이 잘 안 되면 남 탓을 하지. 사기를 당해도 남 탓, 돈을 잃어도 남 탓, 돈을 못 벌어도 남 탓, 부자가 못 돼도 남 탓, 장사가 안 되면 남 탓, 뚱뚱해도 남 탓, 키가 작아도 남 탓, 넘어져도 남 탓, 그냥 다 남 탓이지. 근데 신기하지. 자신이 사기를 당했어. 왜 남 탓을 하지?

진화　그건 그 사기꾼이 잘못한 거잖아요. 돈 된다고 꼬신 거잖아요.

플루토스 생각을 해봐라. 사기꾼이 '당신은 사기당할 예정입니다'라고 미리 알려주고 사기 치냐?

진화 어쨌건 남의 돈을 그렇게 가져가면 안 되는 거죠.

플루토스 사기꾼이 잘못한 건 맞지. 하지만 그 사람에게 돈을 준 건 그 자신이잖아. 그럼 그 결과에 대한 것은 본인 책임이지. 똑같은 사기꾼에게 어떤 사람은 사기를 당하고, 어떤 사람은 사기를 안 당해. 그러면 그건 누구 책임이냐?

진화 사기 당한 사람 책임인가?

플루토스 당연하지. 모두가 사기 당하는 건 아니니까. 본카페 사장님도 마찬가지야. 옆에 다른 카페가 생겼다고 예전부터 있었던 모든 카페가 망하는 걸까?

진화 그건 아닐 것 같네요.

플루토스 누구의 잘못을 떠나 그 카페 주인은 사장님이니까 그 사장님 책임이지. 그리고 선택해야지. 카페 문을 닫을지, 다시 살릴지.

진화 그렇네요. 사람들은 자신이 책임지는 것을 왜 싫어할까요?

플루토스 **책임을 잘못이라고 잘못 받아들이기 때문이야.** 어릴 적에 아이들이 학교에서 장난을 치다가 선생님 책상에 있는 꽃병을 깨뜨렸어. 아이들은 어떻게 하지?

A _ 야, 난 몰라. 네 책임이야, 너 때문이야.

B_ 이게 왜 내 책임이야. 네가 뒤에서 밀었잖아.

아이들은 서로가 책임지라고 말하고 있어. 아이들은 그냥 실수한 거야. 그런데 아이들에게 책임은 무언가 잘못을 한 것으로 인식되어 버렸지. 그 뒤로는 '책임져'라고 하면 '너는 잘못했어'라고 생각하기 시작하지. 아이들이 선생님의 꽃병을 깨뜨린 것은 잘못한 거지만 그 뒤에 어떻게 할지는 아이들이 선택하고 그 선택에 대해 책임져야 하는 거지. 선생님께 솔직하게 말할지, 말하지 않을지.

진화 선택과 책임이라.

플루토스 가난한 부모를 만난 건 나의 잘못이 아니야. 하지만 태어나서 어떻게 살아갈지는 누가 선택하지?

진화 그 사람이 해야죠.

플루토스 그리고 그 책임은 누가 지는 거야?

진화 그 사람이네요. 그 사람이 선택했으니까.

플루토스 사업을 하다가 망했어. 그게 누구의 잘못이건 그 사업을 살릴지, 옮길지, 그만둘지는 내가 선택하고 내가 책임져야지. 여자 친구에게 차였어. 그게 누구의 잘못이건 그 여자 친구에게 다시 연락할지, 다른 애인을 찾을지 내가 선택하고 내가 책임지는 거야.

진화 역시 선택과 책임이네요.

플루토스 잘못은 이미 지난 과거일 뿐이야. 우리는 지금 선택하는 것만 책임지면 돼. 사람은 누구나 실수하고 잘못할 수 있어. 하지만 어떤 선택을 할 것인가, 그 결과에 대한 건 내가 책임져야지. **작은 것도 남 탓으로 돌리는 사람은 모든 것을 남 탓하는 사람이야.** 자기 스스로 먹어서 뚱뚱한 것을 왜 남 탓하니? 부모가 뚱뚱해서 나도 뚱뚱하다고 부모를 탓하고. 자신이 길을 가다가 넘어지고는 돌멩이를 탓하고, 본인이 공부를 안 한 것을 성적이 떨어지면 선생님이 잘 못 가르쳤다고 탓하고, 자신이 돈을 펑펑 써대고는 월급이 적다며 회사를 탓하고… 이렇게 평생 남 탓하며 핑계 대는 사람은 부자가 될 수도 없고 성공할 수도 없지.

진화 남 탓을 하고 나면 '나는 잘못이 없다'라는 생각이 들면서 그때 그 순간은 마음이 편하죠.

플루토스 사람들은 원하는 대로 되지 않으면 스스로를 피해자로 만들지. 그리고 자신을 불쌍한 사람이라고 달래지. 그 사람들은 선택한 것에 책임질 용기가 없거든.

진화 그럼 본카페 사장님도 자기 마음이 편하고자 다른 카페 탓을 하는 거네요.

플루토스 **남 탓만 하는 사람들은 남 탓만 할 상황들을 끌어당기지.** '나는 돈이 없어. 그것은 가난한 부모를 만났기 때문이야' 라고 하는 사람에게 돈이 생길까? 계속 돈이 없어지지.

'내가 회사에서 계속 짤리는 건 다른 직원들 때문이야'라고 한다면 그는 회사에서 계속 짤릴 일만 일어나지. 본 카페 사장님도 '저 카페 때문에 내가 장사가 안 되는 거야'라고 한다면 계속 장사가 안 될 거야. 손님들도 안 좋은 에너지를 느끼기 때문에 안 가게 되지.

진화　부자가 되려면 내 돈을 어떻게 할 것인가를 선택하고, 그 결과에 대한 책임을 질 수 있어야 되네요.

플루토스　그렇지. 책임감이 없으면 아무리 돈이 많아도 결국은 사라지게 되어 있어.

진화　만약 제가 케이크를 시켜서 먹었다면 제가 선택했으니까 살이 쪄도 저의 책임이네요. 예전 같았으면 케이크를 맛있게 만든 사람을 탓했을 거예요. '왜 케이크를 맛있게 만들어서 나를 살찌게 하는 거야'라고 말이에요. 생각해보니 너무 어이없는 핑계였네요. 내가 먹어놓고서는!

　오늘부터 당신은 어떤 선택을 하든 '그 결과는 100% 나의 책임이다'라는 정신으로 살아가길 바란다. 아마 당신의 인생은 완전히 바뀔 것이다. 누구의 탓도 핑계도 대지 말기를 부탁한다. 누구를 탓한들 변하는 게 무엇인가? 어떠한 핑계를 대든 당신에게 좋은 것은 아무것도 없다. 오히려 에너지만 뺏길 뿐이다.

　우리는 지금 누구를 탓할 시간이 없다. 그 시간에 자신이 어떤 선택을 했으며, 그 선택이 어떤 결과를 가져왔는지를 생각하라. 그리고 어떻게 하면 더 부자가 될 수 있는지, 성공할 수 있는지만 생각하라. 당신이 잘못한 것은 그냥 과거에 지나간 일일 뿐이다. 지금 해야 하는 것은 선택이다. 아직도 과거의 일을 떠올리며 괴로워할지, 새로운 인생을 선택하여 책임질지 말이다.

부자는 자신을 태어나면서부터 특별한 사람이 아니라 평범한 사람이라고 생각한다

"이 세상에 위대한 사람은 없다. 단지 평범한 사람들이 일어나 맞서는 위대한 도전이 있을 뿐이다."

월리엄 프레데릭 홀시

지수 _ 어머, 진화야 오랜만이야. 커피는 내가 살게.

진화 _ 그래. 다음에 만나면 내가 살게. 그동안 잘 지냈지? 요즘 뭐하고 지내? 아직 그 회사 다니지?

지수 _ 나 회사 때려친 지 1년 됐어.

진화 _ 그럼 뭐해? 다른 일을 구하는 거야?

지수 _ 아니 일 안 하려고.

진화 _ 일을 안 한다고? 그럼 어떻게 먹고 살아?

지수 _ 주식해서 돈 좀 벌었거든. 그래서 일 그만두고 그냥 쉬고 있어.

진화 _ 와, 좋겠다. 난 그런 거 한 번도 안 해봤는데.

지수 _ 요즘 주식 안 하는 사람 거의 없는데? 휴대폰 줘봐. 내가 알려줄게.

진화 _ 오~ 진짜?

한번도 해보지 못한 주식! 말만 들어봤지 무서워서 엄두도 못 냈다. 오랜만에 만난 지수는 주식으로 돈을 벌었다. 회사도 그만 두고 놀고 있었다. 아, 부럽다. 지수가 주식을 알려준다는데 갑자기 설레기 시작했다. 하나씩 하나씩 배워 가는데 벌써 주식으로 돈을 번 것만 같았다. '나도 이제 지수처럼 주식으로 돈 벌어서 회사 때려 치워야지'라는 생각밖에 없었다. 아이나 어른이나 새로운 것은 그저 신기할 뿐이다.

지수 _ 어렵지 않지?

진화 _ 응. 근데 하는 방법은 알겠는데 어떤 회사에 투자하면 좋은지 모르는데.

지수 _ 그건 걱정하지 마. 내가 정보를 줄게.

진화 _ 진짜? 넌 그 정보를 어떻게 알아?

지수 _ 아~ 사촌오빠가 이쪽 일 하거든. 그래서 오빠가 정보를 알려주면 나도 투자하는 거야.

진화 _ 그걸 나한테 알려준다고?

지수 _ 응. **너한테만 특별히 알려주는 거야.** 대신 다른 사람한테는 말하면 안 돼.

진화 _ 나한테 특별히? 알았어. 절대 말 안 할게. 고마워.

지수 _ 일단 오늘 이 종목을 사봐. 그리고 내가 팔라고 할 때 팔면 돼.

진화 _ 알았어. 고마워.

며칠이 지나 지수에게서 전화가 왔다.

진화 _ 어, 지수야.

지수 _ 그때 산 종목 지금 팔면 돼.

진화 _ 오~ 진짜 올랐네. 고마워.

지수 _ 그리고 OO 종목을 사~ **진짜 너만 특별히 알려주는 거야.**

진화 _ 알지. 고마워. 다음에 내가 한턱 쏠게.

나는 며칠 동안 주식차트만 보고 있었다. 그리고 생각했다.

'와~ 나도 이제 부자가 되는구나. 주식으로 돈 벌어서 차도 바꾸고… 아, 당장 사표 써야지. 너무 힘들게 일했으니 나한테 선물로 해외여행도 좀 다녀오고… 할 게 너무 많네. 진짜 내가 상상한 대로 이제야 이루어지는 건가? 생각보다 빨리 이루어지는데?'

기분이 들떠 잠도 안 왔다. 회사 동료들이 자꾸 묻는다.

"요즘 뭐 좋은 일 있어? 맨날 기분이 좋아 보이네."

그들이 열심히 일하는 모습을 보면서 '난 곧 저들과 다른 삶을 살고 있을 거야' 상상했다. 그리고 그들과 다른 나는 특별해 보였다.

그런데 내가 산 종목이 떨어지고 있는 것 아닌가! 즉각 지수에게 전화를 걸었다.

진화 _ 지수야. 이상해. 차트가 왜 떨어지고 있지?

지수 _ 그러게. 나도 모르겠어. 오빠한테 물어볼게.

불안하기 시작했다.

지수 _ 오빠도 자세한 건 모르겠다고 하네. 일단 기다려봐야 할 것 같아.

진화 _ … 응. 알았어.

모든 게 완벽할 것만 같았다. 하지만 한순간에 무너졌다. 내가 투자한 종목은 계속 떨어졌다. 투자한 금액의 10%만 남아 있었다. 뉴스에서만 보던 일이 나에게도 일어나다니! 시간을 되돌리고 싶었다. 지수에게 화를 낼 수도 없었다. '투자는 내가 선택한 것이고 그 결과에 대한 책임은 내가 져야 한다'는 것을 잘 알고 있다. 무엇이 잘못되었던가? 아무것도 모르는 나는 무엇을 한 것일까? 잠시 홀린 것만 같았다.

플루토스 왜 그렇게 우울해 보여? 요즘 다이어트도 해서 예뻐지고, 며칠 기분 좋아 보이더니.

진화 친구가 주식에 투자해서 성공했길래 저도 따라 했다가 망했어요.

플루토스 그래? 푸하하. 잃은 건 잃은 거고, 회사나 열심히 다녀야 겠네.

진화 염장 지르지 말고 저리 좀 꺼져주실래요? 지금 엄청 열 받 거든요.

플루토스 네가 해놓고 왜 네가 화를 내니? 그 친구가 뭐라고 하면서 투자하라고 했기에 그런 거 하지도 않는 네가 덥석 투자한 거야?

진화 저만 특별히 알려주는 정보라고 했어요.

플루토스 역시 그 말이었구나. **사람들은 무조건 '나는 특별하다'라는 착각에 빠지지.**

진화 우리는 다 특별한 존재 아닌가요? 아이들을 키울 때도 '너 는 특별해'라는 말을 많이 하라고 들었는데.

플루토스 잘 생각해봐. 네가 뭐가 특별해?

진화 아 정말, 또 무시하네. 돈 없으면 이렇게 무시하고, 돈 많으면 특별하다고 해주는 건가요? 부자만 특별하다 니… 돈으로 사람을 판단하다니… 돈 날린 것도 기분 나 쁜데.

플루토스 부자들은 오히려 자신이 특별하다고 생각하지 않아. 오 히려 평범한 사람들이 '나는 특별하다. 그런데 내가 왜 이렇게 살고 있지? 난 분명히 특별한 사람인데'라고 생 각하지.

진화 부자들은 자신이 특별하다고 생각하지 않는다고요? 하지 만 남들이 볼 때는 엄청 특별해 보이는데.

플루토스 가난한 사람과 부자가 그래서 다른 거야. 가난한 사람은 자신에게 특별대우 해주는 사람들을 만나면 '역시, 난 달 라. 특별하다니까'라고 생각하지. 그리고 사기를 당하거 나 너처럼 정보를 그냥 믿고 투자해버려. 하지만 부자는 특별대우 받는 것을 오히려 어색해해. 투자 정보를 얻거 나 돈을 불려준다 해도 믿지 않아. '더 조사해보고 내가 공부를 더 해보고 투자해야겠다'라고 생각하지. **부자들 은 자신이 평범하다고 생각하기 때문에, 특별하지 않기 때문에, 능력이 충분하지 않기 때문에 더 공부하고 노력 하려 하지.**

진화　　저도 주식을 투자하는 그때 그 순간 '나는 특별하다. 역시 나는 다르구나' 착각 속에 빠진 거군요. '나는 특별하다'는 생각으로 인해 친구가 알려준 정보를 의심조차도 하지 않은 거네요.

플루토스　**태어날 때부터 특별한 사람은 없어. 특별해지기 위해 노력하고 성장해 가는 거지.** 특별해지고 싶니?

진화　　누구나 특별해지고 싶죠.

플루토스　그렇다면 이번 기회를 통해 실수를 깨닫고 같은 실수를 반복하지 않으면서 한 걸음씩 나아가는 거야. 그렇게 **살아가면 너는 특별한 사람이 되어 있을 거야. 허나 네가 진짜 특별한 사람이 되어 있을 때는 너 자신은 '나는 특별한 사람이 아니구나'라는 생각을 하겠지.**

진화　　참 신기한 세상이네요. 정작 특별하지 않은 사람은 '특별하다'고 생각하고, 특별해 보이는 사람은 '특별하지 않다'라고 생각하니… 그건 그렇다 치고, 아악, 피 같은 내 돈!

　　우리는 '나는 특별하다'는 착각 속에 살고 있다. 당신도, 나도 뭐가 그렇게 특별한가? 특별한 무언가가 있는가? 우리는 그냥 다 비슷하다. 단지 조금 다를 뿐이다.

　　특별하다는 착각은 큰 실패와 좌절을 만든다. 당신을 노력하지 않게 만든다. 객관적으로 나 자신을 판단하지 못하게 만든다. 왜냐하면 '나는 무조건 특별해'라고 생각하기 때문이다. '나는 그냥 평범해'라고 생각을 바꿔 보라. 자신을 다시 한번 돌아보게 될 것이며 행동 하나하나 조심스러워질 것이다. 착각 속에서 빠져나와라. 당신은 그렇게 특별한 사람이 아니다.

내 현실을 파악하는 것이
부자가 되는 데 가장 중요하다

"위험은 자신이 무엇을 하는지 모르는 데서 다가온다."

워렌 버핏

진화　우리는 왜 우리가 특별하다는 착각 속에 빠져있는 거죠?

플루토스　자신의 마음이 편하려고 그런 생각을 하는 거지. '나는 그냥 평범한 사람이다'라고 생각하면 어때?

진화　기분이 썩 좋지는 않은데요. 그냥 뭐 그저 그래요.

플루토스　'나는 특별하다'라고 생각하면 어때?

진화　지금은 아니지만 훗날 언젠가는 성공할 것 같고, TV에도 나올 것 같고, 부자가 되어 남들과 다른 인생을 살 것만 같아요. 저는 특별하니까요.

플루토스　네가 특별하다면 지금 그렇게 되어 있어야 하지 않아?

진화　그건…

플루토스 지금 네 현실을 똑바로 보라고. **너는 지금의 네 현실을 보지 못해.** 그래서 '나는 특별하다'라고 자신을 둔갑시키는 거야. 너는 네 현실이 보고 싶지 않거든. 인정하고 싶지 않거든. 어쩔 수 없이 회사를 가야 하고, 돈을 벌어도 돈은 없고, 뭐 딱히 하고 싶은 일도 없고⋯ 이런저런 너의 모습이 싫은 거야. '지금은 그래도 괜찮아. 왜냐하면 나는 특별한 존재이고 그래서 나중에는 부자가 되어서 하고 싶은 일을 할 거야'라고 자기에게 이야기하는 거지. 그렇게 **사람들은 '나는 특별하다'라는 착각 속에 빠져 살고 있지. 현실을 외면한 채.**

진화 그렇다면 부자들은 현실을 바로 파악하나요? 그래서 그들은 자신이 특별하다는 생각을 안 하는 건가요?

플루토스 부자들은 자신의 현실을 제대로 파악하고 인지하지. "그래 이번 사건은 내가 무책임했어", "이번 달 매출은 직원들이 수고한 덕이야", "내가 공부가 부족하네. 사업에 대한 공부를 더 해야겠어" 하면서 더 나은 사람이 되기 위해 매일매일 자신을 돌아보지. 이렇게 자신의 모습과 현실을 매일 돌아보기 때문에 '나는 특별하다'라고 말할 수 없지. 하지만 자신의 현실을 외면하는 사람은 현재 놓여있는 상태도 인지하지 못하니 착각 속에 살아갈 수밖에 없지.

진화 가난한 사람들이 오히려 노력을 하지 않는 이유가 그렇군요. 그래서 '그러니까 네가 가난하지'라는 말이 딱 그 얘기네요.

플루토스 가난한 사람들은 노력하기를 싫어하지. 왜냐하면 나는 특별해야 하니까. 유명한 요리사가 되고 싶다면 어떻게 해야 할까?

진화 요리를 열심히 배우고 연습해야겠죠?

플루토스 맞아. 초등학생도 아는 진리이지. 하지만 가난한 사람들은 노력은 하기 싫고 부자가 되고 싶어 하지. 부자가 되려면 어떻게 해야 할까?

진화 당연히 부자가 되기 위한 노력을 해야겠죠.

플루토스 그런데 사람들은 노력은 하지 않고 이미 부자가 되었다는 착각에 빠져 돈을 펑펑 써대지.

진화 부자가 아닌데 돈을 쓴다고요? 돈이 있으니까 쓰는 거 아닐까요?

플루토스 부자가 아니면서 부자인 척 착각하는 거야. 그러면서 아직도 부자가 되지 않았다고 안타까워하지. 부끄러운 줄도 모르고.

진화 앗, 부끄러워해야 하는 건가요? 혹시 저는… 제가 파악하지 못한 것들이 있나요?

플루토스 많지. 너는 지금 명품가방을 사고 싶어 하고, 남들이 하니까 골프도 치려고 준비하고 있어. 네가 지금 그럴 때라고 생각해?

진화　명품가방은 누구나 다 사고 싶어 하고, 골프는 요즘 다 치는 거 아닌가요?

플루토스　사고 싶다고 다 사고, 하고 싶다고 다 하면 부자는 언제 되는 거니? 너는 매달 돈 없다고 징징대면서 그런 것들을 사고, 할 돈은 있나 봐? 그런 마음가짐으로는 크게 부자가 될 수 없어. 가진 것이 얼마나 있다고 그런 것을 하는지 이해가 안 돼. 부자들은 '내가 지금 이것을 살 만한 상황인가?', '내가 지금 이것을 할 만한 상황인가?' 현실을 파악한 뒤에 그에 합당하다고 판단하면 그때 하지.

진화　할 만한 상황….

플루토스　**가난한 사람은 돈도 없으면서 '남들 다 하니까 나도 해볼까?' 하면서 골프 치러 다니고, 명품가방을 사대지. 그리고 비싼 외제차를 사려 하지. 여행을 가면 좋은 호텔을 가야만 하지.**

진화　제가 그럴 처지가 아니긴 하네요. 돌아가신 철학자 소크라테스가 저에게 와서 '너 자신을 알라', '제발 정신 좀 차려라' 말씀하시는 것 같네요.

플루토스　아직 부자 근처도 못 갔으면서 부자들을 따라 하는 것은 계속 가난을 유지하겠다는 것과 다름없어. 부자들은 그런 취미와 명품, 차에 관심이 없거든. 부자들은 그럴 시간에 자신의 일과 가족에 더 전념하지.

진화 가난한 사람들은 부자로 보이기 위해 그런 것들에 집착하고, 오히려 부자가 아니라는 것을 더 숨기기 위해 하는 행동들이네요.

플루토스 그런 즐거움에 빠지다보면 진짜 자기 자신을 돌아보지 못한 채 시간만 흘러가지. 그렇게 세월이 끝날 때쯤에는 '나는 왜 지금도 돈이 없을까?' '나는 무엇을 하며 살았나?'라는 생각을 마지막까지 하게 되지.

진화 자신의 현실을 파악하지 못한다는 게 엄청 무서운 것이네요. 죽을 때 '나는 왜 아직도 돈이 없을까?', '무엇을 하며 살았나?' 한탄한다면 인생이 너무 슬플 것 같은데요.

플루토스 슬프지. 그러니까 매일 자신을 돌아보고 깨달아야 해. 그 사람이 어디에 돈을 쓰는지를 보면 그 사람이 보여. **돈은 그 사람이니까.**

진화 돈을 어디에 쓰는지 알면 그 사람이 보인다구요? 어떻게 알 수 있죠?

플루토스 한 달 동안 쓴 카드 영수증을 보면 알 수 있지. 한 달 동안 쓴 내역의 영수증과 카드 명세서를 확인해 본 적 있어?

진화 한번도 확인하지 않았는데⋯. 결제하면 문자가 오니까 그냥 금액만 맞는지 확인했죠.

플루토스 그 **영수증과 명세서는 너의 현실이야.** 네가 어디에 가고,

무엇을 자주 사고, 무엇을 먹고, 누구를 만나는지 너의 모든 것이 함축되어 있지.

진화 진짜 그러네요. 영수증과 명세서는 일기장 같은 것이네요. 저의 모든 것이 다 나와 있으니까요. 돈은 그 사람이라는 말이 맞네요. 왜 이런 것들을 확인할 생각을 못했는지.

플루토스 돈은 본인, 그 사람이 쓴 거지. 그래서 카드 명세서를 확인하고 싶지 않은 거야. 분명히 자신도 알지. '내가 굳이 이 돈을 쓰지 않아도 됐었는데 이것을 왜 샀지?' 후회할 게 빤하지. **자신도 모르게 현실로부터 피하고 싶어 하지.** 그냥 보고 싶지 않으니까 안 보려 하는 거야.

진화 보고 싶지 않으니까 일부러 외면하는 거네요.

플루토스 매달 월급을 받지만 카드값으로 나가지. '내가 왜 이렇게 많이 썼지?' 자신을 타박하지. 그러고는 '일단 카드값을 내서 다행이다' 하면서 다음 달에 같은 행동을 반복하지.

'아, 이대로 살면 안 되는데… 나중에 결혼은 어떻게 하지?'

'모아놓은 돈이 하나도 없는데… 종잣돈이 있어야 투자를 하든 뭘 하는데.'

'이대로 가면 사업이 잘 안 될 텐데.'

'차를 바꾸면 매달 나가는 돈이 커져서 버거운데.'

'화장품이 너무 많이 비싸. 저렴한 걸로 바꿔볼까? 피부가 안 좋아지면 어쩌지?'

고민하다가 '에라, 모르겠다. 어떻게든 되겠지' 하면서 현실을 피하는 행동은 가난한 사람들이 하는 가장 큰 습관이지. 하지만 부자가 되려면 이 현실을 직시할 수 있어야 해.

진화   드드드드… 막상 제 명세서를 보려니 너무 떨리는데요. 떨려서 못 보겠어요.

플루토스   봐야 해. 부자가 되기 위한 가장 기본적인 행동이야.

진화   내가 어떤 처지인지, 내가 무엇을 사는지, 내가 어디에 가는지도 모르고 무슨 부자가 되겠다고. 윽… 소크라테스님이 또 오신다!

당신의 현실은 어떠한가? 당신의 상황이 어떤지 알고 있는가? 모르고 있다면 정신을 차려라. 지금 어디에 돈을 쓰고 있는가? 지금 그럴 때가 아니지 않는가. 이 말을 들을지, 안 들을지는 당신의 선택이다.

그 선택에 대한 책임은 당신이 져야 한다. 그리고 사랑하는 가족과 함께 짊어지고 가야 한다. 사람은 분수를 알아야 한다. 그리고 분수에 맞게 살아야 일이 잘 풀린다. 부자가 되고 싶다면 부자를 따라 하지 말고 지금의 자신을 돌아보고 무엇을 해야 할지를 파악하라.

부자는 자신의 능력을 키움으로써
돈의 그릇을 키운다

"'그 사람은 그릇이 크다'는 말들을 한다. 큰 그릇은 손해를 크게 볼 줄 안다. 손해를 받아들일 줄 알면 다른 사람에게 감사와 신뢰를 받고 존경 받는다. 그릇이 큰 사람은 이익을 보는 사람, 성공하는 사람이다."

소메야 가즈미

플루토스 자신의 현실을 파악하지 못하면 자기 그릇의 크기를 알 수 없어.

진화 그릇이요? 집에 있는 그릇? 명품가방을 살 게 아니라 그릇을 사야 하나요? 어떤 그릇을 사서 놔둬야 하나요? 그래서 부자들이 좋은 그릇을 사는구나. 그래, 이유가 있었어. 그럼 처음부터 그릇부터 사라고 했어야지!

플루토스 어휴, 진짜 무식하다. 그릇 이야기하는데 음식 그릇 얘기하는 사람은 너밖에 없을 거다. 어떻게 그런 네가 너 자신을 특별하다고 생각했는지, 부자가 되겠다고 하는지 그 머릿속이 정말 궁금하다.

진화	그럼 무슨 그릇요?
플루토스	**사람마다 돈의 그릇이 있어.** 그 돈의 그릇은 한 명, 한 명 다 다르지. 그릇의 크기와 모양도 달라. 그래서 돈을 벌 수 있는 금액도 다르고, 사용하는 금액도 다르지.
진화	사람마다 크기가 다 다르다고요? 모양도?
플루토스	당연하지. 오늘 최고 좋은 호텔에 100만 원을 내고 잘 수 있어?
진화	미쳤어요? 무슨 하룻밤 자는데 100만 원을 써요.
플루토스	그럼 그 호텔에는 손님이 없어야 하는데 손님이 많잖아. 너 같은 사람들만 있다면 이미 호텔은 망했어야지. 하지만 너도 알다시피 그렇지 않잖아? 100만 원을 그 호텔에 지불하는 사람들이 있으니 아직도 존재하는 거지. 하룻밤에 호텔비를 100만 원 쓰는 사람들은 많아.
진화	그럼 얼마를 벌어야 100만 원을 아무렇지도 않게 하루에 쓰는 거예요? 1000만 원? 아니 1억은 벌어야 될 것 같은데… 와, 정말 부럽네요.
플루토스	그건 사람마다 다 다르겠지. 확실한 건 그 사람의 그릇은 하루에 100만 원을 쓸 크기인 거야. 그런 사람들이 5만 원짜리 모텔에 가지 않겠지. **자신만의 그릇 크기가 있는데 사람들은 자신의 돈 그릇이 크다고 착각하지. 아까 말한 현실을 파악하지 못하는 사람들 말이야.** 하루에 호텔비로

100만 원을 써야 될 사람들은 따로 있는데 자신이 그들과 같은 크기를 가진 그릇인 줄 알고 착각하는 거지.

진화   제 그릇은 작다는 걸 알려주려고 지금 돌려서 말하는 거죠?

플루토스   으흠, 눈치 챘나?

진화   그릇이 커지면 돈이 많이 들어오는 건가요?

플루토스   반찬 그릇에 국을 담아봐. 어떻게 되지?

진화   다 넘치죠. 국 건더기나 좀 남아 있으려나?

플루토스   돈의 그릇도 똑같아. 사람들은 **자신의 그릇은 작은데 돈은 많이 담으려 해.** 그럼 어떻게 될까?

진화   돈이 흘러넘치겠죠.

플루토스   그래서 돈이 들어와도 계속 다른 곳으로 흘러넘치는 거지. 반면 돈 그릇이 큰 사람들은 알아서 돈이 들어오고 쓰면 또 들어오지. 하루 만에 호텔비로 100만 원을 쓰는 사람들도 그릇이 큰 사람이야. 진짜 부자들 말이야. 부자 흉내를 내기 위해 100만 원을 쓰는 사람들 말고. **부자들은 자신의 그릇에는 돈이 또 찰 것이라는 사실을 알고 쓰는 거지.**

진화   저는 제 그릇은 반찬그릇인데 국을 담으려 했던 거군요.

플루토스   **자신의 그릇이 어떤 크기와 모양을 가졌는지를 스스로 알아야 해. 그렇지 않으면 본인이 부자라는 착각 속에서 계속 돈을 잃게 되지.**

진화   로또에 당첨되어도 그 돈을 한번에 다 잃는 사람들이 딱 그 상황이네요. 그릇은 작은데 로또에 당첨되어 돈이 엄청 많아진 거죠. 로또에 당첨도 되었겠다 '역시 난 특별한 사람이야'라고 생각하죠. 자신의 그릇이 어떤지 현실을 파악하지 못한 상태일 테고. 주위에서 가만히 있지 않았겠죠. 여기 투자하고, 저기 투자하고 그렇게 돈은 다 사라진 거군요.

플루토스 정확해. 같은 로또에 당첨되어도 그릇이 큰 사람은 돈을 잘 사용하고, 더 돈이 잘 들어오게 하지. 반면 그릇이 작은 사람은 그런 돈은 처음이라 어쩔 줄 몰라 하지. 한번도 가져보지 못한 돈이니까. 자신의 그릇에 맞지 않는 거야.

진화 그렇다면 제가 주식이나 부동산 투자나 사업을 해서 돈을 엄청나게 많이 벌었다 하더라도 지금의 저는 그 돈을 다 잃었을 거네요. 차마 감당하지 못해서… 하하하! 아직 아무것도 안 해서 다행이네요. 하하하… 좋아해야 하는 건지, 안 좋아해야 하는 건지.

플루토스 너 얼마 전에 주식에서 돈 잃었잖아?

진화 아 정말, 안 그래도 잊으려던 참이었는데 그 얘기는 왜 꺼내가지고!

플루토스 이 사건은 평생 써먹어야지. 크크크크.

진화 생각보다 치사하고 유치하시군요… 집 그릇이든, 돈 그릇이든 얘기나 좀 더 해주시죠.

플루토스 그릇이 커지면 들어오는 돈이 많아지지. 돈이 많아지면 다룰 수 있는 돈도 많아지고, 투자를 할 수 있는 돈도 많아지지. 그리고 그 돈을 감당해야 할 책임도 커지지.

진화 돈은 많으면 좋겠는데, 그 돈에 대한 책임까지 커져야 하니 부담되네요.

플루토스 우리나라의 LG나 삼성 같은 큰 회사들의 대표들은 어떨까? 그들의 그릇 크기에 따라 수만 명 직원들의 생사가 달려 있지. 그리고 그 대표들의 생사도. 돈이 들어오는 그릇의 크기만 크다면 그 수만 명을 책임질 수 없어. 그 돈에 대한 책임감도 커야지.

진화 **돈 그릇만 커질 게 아니라 그 그릇만큼 책임감도 커야 하네요.** 그 대표들은 돈은 많이 들어오지만 책임감 때문에 항상 어깨가 무겁겠네요.

플루토스 그 돈을 감당할 만한 그릇이 되니 대표가 되는 거지. 아니면 이미 그 회사들은 무너졌겠지.

진화 부자가 되려니 갑자기 어깨가 무겁네요. 저는 그 정도 부자는 말고 그 아래 부자? 만 해도 될까요?

플루토스 제발 그 아래, 아래, 아래, 아래… 부자라도 되고 그런 얘기나 하시지.

진화 하하하, 그 정도는 식은 죽 먹기입니다. 그런데 돈 그릇은 어떻게 하면 커지나요?

플루토스 자신의 능력을 키우는 거지.

진화 오호~ 저도 회사에서 능력 있다는 말을 많이 듣긴 하죠.

플루토스 그런데 왜 월급이 그대로지?

진화 음… 아침에 출근도 일찍 하고 남들보다 일도 많이 하는
데… 생각해보니 3년 전이나 지금이나 왜 월급이 똑같지?

플루토스 열심히 하는 것만으로는 부족해.

진화 그럼 지금보다 더 열심히 하라고요? 더는 못해요. 더는…
저는 지금 최선을 다하고 있다고요.

플루토스 회사 입장에서는 열심히 하는 것만을 원하지 않아.

진화 그럼 회사에서 무엇을 원하죠? 복사용지 아끼는 사람? 아
니면 덜 먹는 사람? 식비가 줄어들어서? 치사한 회사군,
먹는 걸로 차별하다니.

플루토스 뭘 해도 먹는 이야기군!!! 회사는 결과를 원한다고!

진화 결과요? 아니, 열심히만 하면 되는 세상 아니었나요? 너
무 불공평한대요.

플루토스 같은 시간을 일해도 A는 월급이 200만 원이고, B는 2000
만 원이야. A와 B는 똑같이 열심히 했지. 그런데 왜 버는
돈이 다를까?

진화 글쎄요. 자격증 차이인가요?

플루토스 그 사람의 능력, 결과의 차이지. 손흥민 선수가 2022년 연
봉이 대략 150억 원이라지.

진화 150억 원이요? 아, 제발 난 1억 5천만 원이라도…

플루토스 연봉 1억 5천만 원을 받고 싶다면 너의 능력을 키워서 1억 5천만 원 만큼의 결과를 내면 되지. 능력이 커지면 돈 그릇도 함께 커지지. 손흥민 선수는 150억 원이라는 결과를 낼 수 있는 선수이기 때문에 연봉이 그렇게 측정된 거지. 손흥민 선수는 150억 원을 담을 수 있는 큰 그릇과 그에 따른 능력을 가지고 있지. 그리고 그에 따른 책임감까지 모두 다 갖추고 있잖아.

진화 **능력을 키우고 그에 따른 결과가 나와야 돈 그릇을 키울 수 있다는 거네요.** 저도 손흥민 선수처럼 '열심히'는 기본! 거기에 '능력'을 더 키워서 좋은 결과를 내겠습니다! 그래서 돈 그릇을 키워 부자가 되겠습니다! 이야기 나온 김에 집에 있는 그릇들도 큰 그릇으로 바꿔야겠어요. 그럼 좀 더 빨리 돈 그릇이 커질 수도 있지 않을까요?

플루토스 ￣￣;;

왜 똑같이 일해도 누구는 부자가 되고 누구는 부자가 되지 못할까? 왜 같은 투자를 해도 누구는 돈을 벌고 누구는 돈을 잃을까? 사람마다 돈 그릇의 모양, 크기가 다 다르기 때문이다.

당신의 그릇 크기는 얼마만 한가? 그것을 알지 못한다면 당신은 부자가 될 수 없다. 사람들은 자신의 그릇 크기를 모른 채 눈앞의 돈만 보고 있다. 하지만 부자들은 자신의 그릇에 맞는 돈을 담고 돈을 쓴다. 그 그릇의 크기만큼 책임감도 가지고 있다. 그리고 부자들은 멈추지 않고 계속 돈 그릇을 키워나가고 있다. 당신의 능력은 곧 당신이다. 능력을 키워 돈 그릇을 키워라.

모든 것은
비워야 채워진다

"버리고 비우는 일이 결코 소극적인 삶이 아니라 지혜로운 삶의 선택이다. 버리고 비우지 않고는 새것이 들어설 수 없다."

법정

진화   아까 호텔비로 100만 원 쓰는 부자들 있잖아요.

플루토스   응. 왜? 부러워?

진화   부럽죠. 저는 1000만 원을 벌어도, 1억을 벌어도 호텔비로 100만 원은 못 쓸 것 같거든요. 호텔에서 머물면 딱 100만 원만 쓰는 것은 아니잖아요. 식사도 하고, 커피도 마시고… 호텔은 커피 한 잔이 얼마라고 했더라… 여하튼 저는 겁이 많아서 그 돈을 못 쓸 것 같아요. 제가 새가슴이라 그런가?

플루토스   새가슴?

진화   그리고 부자들은 돈 그릇에 돈도 많고 그 돈을 비우면 또 채워진다고 하셨잖아요. 그 부자들은 그 그릇에 돈이 또 채워질 것을 어떻게 확신하죠? 확신이 없다면 호텔비로 그 돈을 아무렇지도 않게 쓸 수는 없잖아요.

플루토스 말 나온 김에 그 호텔 한번 가볼까? 나도 호텔 구경도 좀 하고 식사도 해보게.

진화 안녕히 가세요. 그동안 감사했습니다. (꾸벅꾸벅)

플루토스 네 안녕히 계세요. 그동안 감사했습니다. (꾸벅꾸벅)

진화 아! 뭐예요. 진짜 가는 거예요? 호텔 안 데려가줬다고 진짜 이러긴가요?

플루토스 그럼 호텔은 나중에 가기로 하고, 다른 곳부터 가자.

진화 다른 곳이요? 혹시 호텔보다 더 비싼 곳으로 가는 건 아니죠? 저 진짜 안 가요. 부자들한테나 가서 사달라고 하세요.

플루토스 …

진화 저는 진짜로 갑니다.

플루토스 어디 가? 어디 가? 같이 가야지… 거기 섯! 그만 좀 도망가.

진화 헥, 헥, 물부터 좀 마시자. 어휴, 겨우 도망 왔네. 스무 살 때는 총알처럼 뛰었는데 지금은 뛰어도 걷는 거나 똑같네, 힘만 들고… 갑자기 무슨 호텔을 가자고 하지를 않나, 어디를 가자고 하지를 않나 왜 저래, 무서워 죽겠네… 알고 보면 내 돈 다 뜯어가려고 나타난 거 아니야?

플루토스 야! 너한테 뜯어갈 돈이 어딨냐? 네 돈 뜯을 바에는 차라리 고기를 뜯겠다. 네 돈보다 고기가 더 뜯을 게 많을 거아냐.

진화 앗, 깜짝이야. 언제 따라 왔대요?

플루토스 푸하하하… 너는 뛰는 거냐? 걷는 거냐? 뒤에서 보는데 웃겨서 따라오는 데 늦었네. 동영상 찍어놨으면 너 정말 창피했을 거야.

진화 아니, 왜 따라 왔냐고요. 안 간다니까요.

플루토스 내가 어디 갈지 얘기도 안 했는데 갑자기 냅다 도망가면 어떻게 하냐? 난 네 집으로 가자고 말하려 한 건데.

진화 아 뭐야, 그럼 진작 얘기를 했었어야죠. 괜히 뛰어서 왔잖아요. 근데 집은 왜 가려고요?

플루토스 대청소 좀 하려고.

진화 자, 보세요. 여기가 우리 집입니다. 제가 얼마나 깔끔한지 알 수 있죠. 청소할 게 없답니다. 제가 이래봬도 '이깔끔'입니다.

플루토스 그래? 그런데 옷장에 옷이랑 수납장에 물건들이 왜 저렇게 많아? 너 맨날 입을 옷 없다고 아침마다 투덜거리던데… 옷 많네.

진화 그러게요. 저 옷들… 어휴, 보기만 해도 너무 많아서 머리가 아파요. 옷은 많은데 입을 게 없어요.

플루토스 그럼 버리거나 누구 주면 되잖아.

진화 아깝잖아요. 그리고 혹시나 언젠가 입을 수도 있잖아요. 저건 동생이 선물해 준 옷이고, 저 옷은 지혜가 생일 때 사 준 옷이고, 이 옷은 백화점에서 비싸게 산 건데… 이걸 어 떻게 버려요?

플루토스 그러니까 너한테 돈이 안 들어오는 거야.

진화 아니, 옷이랑 돈이랑 뭔 상관이에요? 이거 팔아서 돈 벌라 는 말이에요?

플루토스 **뭐든 비워야 채워지는 거야. 부자들이 돈 그릇을 비우고 채우듯 말이야.**

진화 비워야 채워진다고요?

플루토스 너 뷔페 갈 때 꼭 하는 행동 있잖아. 먹다가 중간에 꼭 화 장실 가더라. 중간에 왜 화장실 가냐?

진화 흐흐. 그건 사실은요. 창피한데… 더 먹으려 하는 거죠. 너 무 먹었더니 너무 배부른 거죠. 근데 뷔페 갔는데 아깝잖 아요. 그래서 화장실 가서 비우고 오는 거예요. 크크크. 그 럼 또 먹을 수 있거든요.

플루토스 거봐. 그거랑 똑같아. 내가 똥 싸는 얘기까지 하면서 설명을 해야겠냐? 너 일주일 동안 똥 못 싼다고 생각해봐. 어때?

진화 윽, 상상도 하기 싫어요. 배도 아프고. 제일 큰 문제는 맛있는 음식을 먹을 수 없다는 거.

플루토스 그래. **무엇이든 비워야 다시 채울 수 있다고.** 네 대장만 비울 게 아니라, 네가 안 쓰는 물건, 돈, 마음, 생각까지도 비워야 다시 채워져. 맨날 대장만 비우고 음식만 채우니까 살만 찌는 거야. 돈을 채워야지.

진화 엥? 돈도 비우고, 채우고, 비우고, 채우고를 반복한다는 말인가요?

플루토스 돈 그릇 이야기했던 거 떠올려봐. 네 그릇은 물론 반찬 그릇이지만, 거기에 시금치를 담아본다고 해보자. 시금치를 더 담으려면 어떻게 해야 돼?

진화 시금치를 다 먹고 더 담아야겠죠?

플루토스 만약 다 먹지 않고 시금치를 더 올리고, 며칠 뒤에 그 위에 또 올리고 해봐. 어떻게 돼?

진화 밑에 먼저 담아둔 것은 썩겠죠! 그 썩은 시금치 때문에 위에 올린 것까지도 썩을 거 같은데.

플루토스 **돈 그릇도 똑같아. 돈을 비워내야 또 돈이 채워지는 거야.**

진화 돈도 썩나요? 지폐는 안 썩는 걸로 아는데.

플루토스 지폐는 썩지 않지. 다만 돈이 기능을 못해서 썩지.

진화 돈의 기능이요?

플루토스 그건 이야기가 길어지니 나중에 하고… 여하튼 안 쓰는 물건들을 버리라는 거야. 그 물건들을 썩게 둘 거야?

진화　　그런 건 아니지만 아까워서 두다 보니… 유행은 지나고, 안 입어지는데 새로운 옷은 사게 되니 옷장이 터질 것 같네요. 저 옷장을 보기만 해도 가슴이 답답해져요.

플루토스　그럼 오늘 정리해보자. 해보면 알 거야. 왜 버려야 하는지… 일단 이 집에서 안 쓰는 물건들을 모두 다 꺼내.

진화　　다요? 나중에 쓸 수도 있잖아요.

플루토스　1년 동안 쓰지 않은 물건은 지금도, 앞으로도 쓸 일이 없다는 거야. 우주는 사람들이 원하는 것들을 채워주려 하지. 하지만 원하지 않은 것들로 가득 차 있으면 채워줄 수 있는 공간이 없지. 사람과 사람 사이도 똑같아. 내가 그 사람에게 미안한 일이 있을 때 사과하지 않으면 어때?

진화　　사과할 때까지 마음이 찜찜하죠. 시간이 지날수록 사과하기도 어렵더라고요.

플루토스　불편한 감정을 비우면 편안한 감정을 가질 수 있어. 자식에 대한 집착을 버릴 때 자식과 더 가까워질 수 있고, 옛날 남자친구를 잊어야 새로운 남자친구를 사귈 수 있지. 가지고 있던 고정관념을 버려야 새로운 정보를 받아들일 수 있고, 담배를 끊어야 건강한 몸을 얻을 수 있고, 금식을 해야 살이 빠지고 예쁜 옷을 입을 수 있어. 청소를 해야 깨끗한 집에서 살 수 있고 오래된 물건들을 버려야 새 물건들을 살 수 있지.

진화   아! 버려야 하는구나.

플루토스   버릴 것들을 버리고 대신 더 좋은 것들을 얻는 거지.

　하루 종일 버리고, 정리하고, 버리고, 정리하고를 반복했다. 끝이 없었다.

진화   제가 이렇게 많은 물건들을 쌓아두고 살았다니 믿기지 않아요. 그리고 너무 안 써서 진짜 썩거나 곰팡이가 핀 물건들, 옷들… 차라리 그때 친구가 이 옷 입고 싶다고 했을 때 그냥 줄 걸.

플루토스   물건은 많은데 필요한 물건이 없다면, 옷장에 옷은 많은데 입을 옷이 없다면, 먹을 건 많은데 먹을 게 없다면, 주위에 사람은 많은데 믿을 사람이 없다면 그것들을 제거해서 비워야 해. 비우지 않으면 진짜 자신이 원하는 것을 알 수 없어. 원하는 것을 채우기 위해서는 비워야만 해. 대변을 보아야 새로운 음식을 맛있게 먹을 수 있는 것처럼.

진화   버릴 것들을 정리하고 진짜 필요한 것들만 남으니 내가 무엇을 필요로 하는지 알겠네요. 옷도 제가 어떤 스타일을 원하는지도 알겠고… 가장 좋은 건 집이 깨끗해지고 넓어져서 너무 좋아요. 버리면 속상하고 우울할 줄 알았는데 오히려 기분이 좋네요. 속이 후련해요.

플루토스 그렇지? 해보면 안다고 했잖아. 오늘 정리한 물건들 다 어떻게 산 거지?

진화 거의 제가 돈 주고 샀죠. 선물 받은 것들도 있고.

플루토스 결국, 오늘 버린 물건들은 돈을 버린 것이나 마찬가지야. 돈을 주고 샀으니까. 돈은 그 물건과 바꿔지면서 생각하지. '이 물건 잘 써. 소중하게 대해줘. 그 물건이 바로 나니까.' 하지만 바로 창고로 들어가는 순간 돈은 실망을 하지. 큰 실망감에 돈은 다시 너에게로 돌아오지 않아. 만약 물건을 실수로 잘못 샀다면 누군가에게 선물로 줘도 되고, 필요한 사람이 있으면 나눠주면 돼. 그러면 돈은 더 기뻐하며 너에게 돌아오겠지.

진화 야홋! 꼭 그럴게요.

플루토스 정리를 하다 보면 내가 그 물건에 얼마나 관심을 두지 않았는지 알게 돼. **물건에 관심을 두지 않았다는 것은 내가 쓰는 돈에 관심을 두지 않았다는 거야.**

진화 이러한 물건들로 인해 돈이 들어오지 않을 것이라고는 생각지도 못했네요. 제 몸 안에 있는 대장에만 너무 관심을 가졌나봐요… 돈아~ 물건아~ 미안해. 제발 다시 돌아와 줘~~

부자가 되고 싶다면 돈이 들어올 공간을 만들어라. '비워야 채워진다'라는 말을 들어보았을 것이다. 지금 집에 있는 물건들을 살펴보라. 자신을 불편하게 하는 감정들이 있는지 느껴보라. 자신이 집착하고 놓지 못하는 것이 무엇인지 돌아보라.

가지고 있어봤자 아무 쓸모가 없다. 놔두면 똥 된다. 버리고 비우지 못한 것들로 인해 당신에게 들어올 돈들의 통로가 막혀있다. 뚫어야 돈이 들어온다. 싹 비우고 새로운 것들을 받아들이자. 비우지 못하는 사람들 중에 부자는 없다.

사람들은 돈을 쓰지는 않고 모으기만 하고,
돈이 있어도 '참아야 한다'고 다짐하지.
그러면서 '돈은 짜증난다', '돈이 없다',
'돈이 있으면 뭐하나'라고 생각하지.
그런 생각을 하니까 돈이 너에게 오지 않아.
돈이라는 것은 쓸 때 행복한데,
쓰지 않기 때문에 기분이 항상 나쁜 거야.

4

부자가 되는 가치법

돈은 나갔다가 다시 들어오는 에너지로 써야 부자가 된다

"사람은 죽을 때 저지른 일보다 시작도 해보지 않은 일을 더 크게 후회한다고 한다. 돈도 마찬가지이다. 자신 있게 말한다. 쓴 후회보다 쓰지 않은 후회가 더 클 것이다. 주저 말고 하고 싶은 일에, 갖고 싶은 것에, 먹고 싶은 음식에 돈을 써라. 여러분이 정말로 하고 싶은 일에 파묻혀 인생을 살아갈 수 있기를 바란다."

호리에 다카후미 〈가진 돈을 몽땅 써라〉 중에서

플루토스 자, 이제 정리가 끝났으니 출발해 볼까.

진화 출발? 어디로요?

플루토스 그 호텔 가야지.

진화 호텔이요? 안 간다고 했잖아요. 제 주제에 무슨 100만 원짜리 호텔이에요? 지금 제 정신이에요?

플루토스 방금 '돈아~ 물건아~ 미안해. 제발 다시 돌아와줘~~'라고 했잖아. 돈도 비워야 다시 돌아오지. 먹으려고 화장실 가듯이 돈도 내보내야 새로운 돈이 들어오지.

진화 하 참! 아무리 그래도 그렇지. 지금 제 월급이 250만 원이라고요. 그런데 100만 원을 하루에, 그것도 한번에 쓰는 게 말이 돼요?

플루토스 응. 너무너무 말이 돼. 일단 옷부터 갈아입어. 그 무릎 나온 구멍 난 바지는 벗고 집에서 제일 좋은 옷으로 입어. 지금 당장 빨리. 롸잇 나우!

진화 안 들려… 안 들려…

플루토스 알았어. 일단 호텔 구경만 가자. 부자가 되려면 부자들이 어떤 모습으로 다니고, 무엇을 먹고, 마시는지, 돈을 쓸 때 어떤지 구경이라도 해봐야 부자가 되지. 안 그래?

진화 괜히 들어가려다가 호텔 직원이 "잠시만요. 잡상인은 출입금지입니다" 막아서면 어쩌려고요. 저 일부러 망신시키려는 건 아니죠?

플루토스 어휴, 걱정 좀 하지 마. 절대 그럴 일 없으니까 일단 가보기나 하자구. 빨리 택시 잡아.

진화 택시는 무슨, 버스 타고 가면 되지. 택시 타면 만 원이고 버스 타면 2000원인데… 8000원이면 편의점에서 핫도그, 삼각김밥, 소시지, 아이스크림을 먹는데.

플루토스 좀 시키는 대로 햇. '부자 만들기 너무 힘드네. 사표는 내가 내든지 해야지 원.'

진화 뭐라고요? 또 혼자 제 뒷담화 하는 거죠?

플루토스 아니야, 그럴 리가! 도착해서 호텔 직원이 문 열어주면 돈 많은 척이나 잘해라.

진화	와~ 대박! 세상에 이런 곳이 있었어요? 어머, 커피값이 헉!
플루토스	야, 조용히 좀 해. 창피해. 항상 오는 것처럼 행동하란 말이야. 처음 온 거 다 티나.
진화	아아, 알겠어요. 정말 좋네요. 이런 곳에서 만날 살고 싶다.
플루토스	거봐. 오길 잘했지? 직접 봐야 안다고. 그럼 여기 호텔에서 하루만 지내고 갈까?
진화	그만 좀 해요. 내가 월급이 250만 원인데 지금 100만 원을 쓰…
플루토스	알았어, 알았어. 그럼 밥만 먹고 가자. 밥은 살 수 있지?
진화	일단 가격 좀 보고요. 디너뷔페가 2만 원이네… 이 정도는 뭐… 아닌데, 20만 원? 지금 한 끼에 20만 원을 주고 먹으라고요? 이 돈이면 딸이 좋아하는 짜장면이 몇 그릇인데… 20만 원치 먹으려면 중간에 화장실을 몇 번 가야 하는 거야.
플루토스	그래도 100만 원보다는 낫잖아. 생각해봐. 너도 이런 데서 한번 먹어봐야지. 일하고 애 키우느라 고생 많잖아. 그러니 이런 곳에서 먹을 자격 있어. 안 그래? 저기 저 양갈비 너무 맛있겠다. 랍스타랑 스테이크도!
진화	아 진짜, 이런 식으로 마음 약하게 하다니… 에라, 모르겠다. 그래 인생에 딱 한 번 해보자.
플루토스	앗싸~~

진화 와, 진짜 맛있다. 내가 먹었던 찹스테이크랑 함박스테이크랑은 맛이 다르네. 이게 진짜 스테이크였구나. 스시 먹어봤어요? 난 이제껏 한 접시에 1000원짜리만 찾아다녔는데… 세상에 스시가 원래 이런 맛이었어요? 대박, 대박~ 입맛만 높아져서 이제 다른 거 못 먹으면 어떡하지.

플루토스 확실히 다르지? 그래서 내가 먹어보자고 했잖아. 잘했지?

진화 부자들은 이걸 먹고 싶을 때마다 와서 아무렇지도 않게 먹는다는 거죠?

플루토스 당연하지. **돈을 써야 또 돈이 들어온다고.**

진화 돈은 모아두어야 한다는 얘기는 많이 들었는데 써야 들어온다는 얘기는 처음 듣네요.

플루토스 **돈이라는 것은 엄청 자유로운 성질이 있어. 쉽게 말해서 역마살이 있지. 한 곳에 오래 머물지 못해. 여기 갔다, 저기 갔다 한다니까. 그래서 돈을 계속 쥐고 있으면 돈이 답답해서 '어떻게 하면 저 사람한테서 달아날 수 있을까'만 생각한다니까.** 원래는 그 돈들이 나갔다가 다시 돌아와야 하는데 그 사람한테 가면 또 못 나갈 게 빤하잖아. 생각만 해도 숨이 막히는 거지. 그래서 절대로 그 사람한테 다시 안 간다니까.

진화 진짜 돈이 그렇게 생각한다고요? 돈이라는 것도 이 접시,

숟가락, 포크 같은 물건인 줄 알았는데… 사람처럼 느낀다니 너무 신기하네요.

플루토스 오늘 왜 너는 여기에서 식사하지 않으려 했지?

진화 이 돈을 쓰면 사라진다고 생각하니 선뜻 결정이 안 되죠. 무섭기도 하죠. 왜냐면 제 월급은 250만 원인데 여기서 20만 원을 쓰면 통장에 230만 원 남고, 그 돈이면 우리 딸 짜장면…

플루토스 좀 작게 얘기해. 월급 250만 원인 거 소문낼 일 있냐?

진화 흥, 쳇!

플루토스 **돈은 절대로 사라지는 게 아니야. 네가 불안해하는 이유는 돈을 네 것이라고 생각하기 때문이야. 처음부터 돈은 네 것이 아니었어. 네 것이었던 적은 한번도 없었지.**

진화 제 것이 아니라고요? 제 통장에 있는데요? 그리고 제가 일해서 받은 돈이잖아요. 그럼 제 돈 아닌가요?

플루토스 그렇다면 네 월급은 어디서 들어왔어? 사장님이 주셨겠지. 사장님은 그 돈이 어디서 났을까? 회사의 매출을 통해 벌었겠지. 그 매출은 어떻게 발생했을까? 손님들을 통해서 왔겠지. 그 손님들은 어디서 돈이 나서 그 회사에 지불했을까?

진화 끝이 없네요. 돈은 정말 역마살의 최고봉이네요. 그러고 보니 오늘 제가 호텔에 20만 원을 지불하면 또 누군가의 월급이나 다른 회사로 가겠네요.

플루토스 **돈은 계속 돌고 도는 거지.** 부모와 자식의 사이를 생각해 봐. 부모가 자식을 내 소유라고 생각하는 순간, 그 순간부터 자식들의 불행은 시작되지. 안타깝지만 말이야.

진화 앗, 잠시만요! 화장실 좀…

플루토스 이제 시작이네. 오늘은 몇 번을 가려나.

진화 아~ 이제 좀 시원하네요. 이제 다시 시작해 볼까? 이번에는 뭘 먹어볼까나.

플루토스 무섭다 무서워… 그만 좀 먹지, 처음 온 거 다 티 난다.

진화 20만 원어치는 먹고 가야죠.

플루토스 여기서 식사하는 사람들 좀 봐봐. 너처럼 그렇게 전쟁하듯 먹는 사람이 누가 있냐? 오늘 이 호텔까지도 다 먹어 치울 기세네.

진화 당신이 여기 오자고 해놓고는… 그래요. 다이어트도 해야 되고 그만 먹어야겠어요. 계산하고 나가요.

호텔 직원_ 손님, 맛있게 식사하셨나요? 결제하겠습니다.

진화_ 아 네. 너무 맛있었어요. 정말 감사합니다.

플루토스 기분 어때?

진화　생각보다 기분 좋은데요. 일단 직원들의 매너나 친절함도 다르고, 음식 퀄리티나 맛도 다르고요. 그래서 부자들은 이 돈을 주고도 매일 이러한 식사를 할 수 있는 거군요.

플루토스　네가 쓴 돈은 또 어디론가 가버렸어. 돈은 사라졌지만 무엇을 얻었지?

진화　음… 경험? 동네 식당에서 7000원짜리 사먹을 때 체험하지 못했던, 이런 곳에서 식사를 하니 더 흥분되고, 공주 대접? 제가 공주는 아니지만 진짜 부자가 된 느낌이랄까요. 20만 원이 전혀 아깝지 않은데요.

플루토스　**그래. 돈은 쓰기 위해 태어난 존재야. 돈이 너에게서 떠났지만 큰 경험을 남기고 가지. 너의 좋은 기분은 다른 돈에게 전달되어 다시 돌아올 거야.** 그렇다면 오늘 이 호텔에서 하루 지내볼까? 아이도 좋아할 거야.

진화　아 진짜 고민되는데… OK. 까짓것 한번 써보죠 뭐.

율아 _ 엄마. 여기 야경 좀 봐. 진짜 좋다. 침대도 엄청 푹신해. 호텔 수영장에 가서 빨리 수영도 하자.

진화 _ 그래. 율아야. 좋아?

율아 _ 응. 진짜 좋아. 우리 여기 자주 오자. 아니, 여기 우리 집이면 좋겠어. 먹을 것도 계속 가져다주고, 수영도 매일 할 수 있고, 청소도 알아서 해주잖아. 그럼 엄마도 요리 안 하고, 청소도 안 하니까 편하잖아. 나는 나중에 이런 곳에서 살 거야. 오늘 꿈 하나 더 생겼어. 엄마도 내가 이런 곳에서 살 게 해줄게.

진화 _ 율아가 좋아하니까 엄마도 더 좋다.

띠리리링~띠리리링

진화 _ 지수야. 어쩐 일이야?

지수 _ 너 그때 산 종목 차트 봤어?

진화 _ 아니, 안 봤는데… 그 이후로는 그냥 신경 끄고 있었지. 괜찮아 지수야. 내 걱정 안 해줘도 돼.

지수 _ 무슨 소리야. **지금 우리가 산 금액보다 2배가 더 올랐다고.**

진화 _ 진짜? 한 번 볼게. 지수야 고마워.

'돈이 진짜 다시 돌아오네.'

지금 당신이 가지고 있는 돈은 처음에도, 지금도 당신의 것이 아니었다. 그 돈 꽁꽁 싸맨다고 부자 절대 안 된다. 돈에 집착하는 순간 당신은 돈을 잃게 된다. 집착은 또 다른 집착을 불러 온다. 지금 가지고 있는 돈은 어떻게 하면 당신에게서 벗어날 수 있는지를 생각하고 있다.

돈을 계속 움켜만 쥐고 있으면 사기당한다. 그러니까 그냥 써

라. 단, 당신이 경험을 할 수 있는 곳에 써라. 당신이 행복해질 수 있는 곳에 써라.

돈을 쓸 때는 즐겁게 써야 다시 들어온다

"만약 지금 저에게 10억 원이 있다고 합시다. 누군가 '나에게 절반을 맡기면 내년까지 그것을 두 배로 만들어 줄게'라고 말한다 해도 저는 전혀 끌리지 않을 것입니다. 그 대신 '내가 가지고 있는 10억 원으로 뭔가 가슴 두근거리는 일을 할 수는 없을까?'에 대해 늘 생각할 것입니다."

사토 도미오 《진짜 부자들이 돈 쓰는 법》 중에서

진화 _ 내가 잠시 꿈을 꿨나? 어디 홀렸었나? 그러기에는 너무 생생한데… 아, 그때 그 양갈비랑 회, 스테이크, 랍스타, 피자, 케이크… 또 먹고 싶다. 그 호텔 침대… 야경… 공주 대접.'

동료 _ 무슨 생각해? 며칠 동안 멍하니 창문만 바라보면서… 창문 보다가 혼자 웃다가 가만히 있다가 또 씨익 웃다가, 집에 무슨 좋은 일 있어? 좋은 일 있으면 얘기 좀 해줘.

진화 _ 으응? 아무 일 없는데.

동료 _ 근데 요즘 왜 그래? 점심시간에 밥도 맛없다고 먹다가 말고… 네가 먹는 것 앞에서 중단한 적이 한번도 없었는데, 점심시간만 맨날 기다리잖아.

진화 _ 내가 그랬나? 그냥 뭐 회사식당이 거기서 거기지.

동료 _ 저번 주말 이후로 계속 그랬었다니까.

진화 _ 저번 주말? 그때는 그 호텔 갔다 왔었던 뒤인데.

동료 _ 호텔? 호텔 갔었어? 어디? 나도 좀 데려가주지. 혼자 가냐!

진화 _ 응. OO호텔.

동료 _ OO호텔? 진짜야? 너 혹시…

진화 _ 혹시?

동료 _ 나한테만 솔직하게 얘기해봐. 너 로또 당첨됐니? 아무한 테도 말 안할게. 솔직하게 말해봐. 비밀 지켜줄게… 그래서 너 창문만 바라보고, 혼자 웃고 그런 거지? 너 진짜 대박이다. 내 주위에 로또 당첨자가 있다니! 네 옆에 딱 붙어 다녀야겠다.

진화 _ 로또? 무슨 소리야. 아니거든!

동료 _ 근데 네가 OO호텔을 갔다는 게 말이 되니? 김밥 먹을 때도 참치김밥 먹고 싶어도 1000원 아까워서 그냥 김밥 먹는 네가? 그걸 믿으라는 거야? 너 다른 사람이 밥 산다고 할 때 만 비싼 거 먹는 애잖아.

진화 _ 몰라… 그날 내가 뭐에 씌었었는지 그 호텔에서 밥도 먹고 딸이랑 하루 자고 왔다니까. 근데 진짜 좋긴 좋더라.

동료 _ 그 호텔에서 밥을 먹고 하루 자기까지 했다고? 거기 뷔 페 진짜 맛있다던데… 모든 음식이 그냥 입에 넣으면 살살 녹 는다던데. 아, 이유를 알았다.

진화 _ 무슨 이유?

동료 _ 거기서 밥 먹고 왔는데 여기 회사식당 밥이 맛있겠냐? 야경은 어땠어? 수영도 했어?

진화 _ 다 했지. 야경 진짜 좋더라. 계속 거기서 살고 싶더라.

동료 _ 근데 무슨 돈이 갑자기 생겨서 간 거야?

진화 _ 돈 생긴 거 없어. 그냥 갔다 왔어. 진짜야.

동료 _ 1000원도 아까워하던 이진화가 하루에 월급의 반을 써 버렸다고? 수상한데.

진화 _ 근데 진짜 신기한 일이 일어났어. 내가 잠시 홀려서 그날 20만 원짜리 밥을 먹고 100만 원을 내고 호텔에서 하루 지내고 왔잖아. 사실 네가 봐도 말이 안 되잖아. 그것도 짠순이 내가 말이야. 근데 그다음날 그 돈이 그대로 들어왔다는 거야.

동료 _ 엥? 어떻게? 너 호텔에서 밥 먹는데 머리카락 나왔다고 하고, 호텔방에서 벌레 나왔다고 인터넷에 올린다고 협박하면서 진상 부려서 호텔에서 환불해 준 거 아니야?

진화 _ 야! 내가 그 정도는 아니거든. 저번에 친구가 알려준 정보로 주식을 샀는데 그게 바닥까지 떨어져서 잊고 있었지. 근데 갑자기 내가 산 금액의 2배가 된 거야.

동료 _ 에이~ 무슨 드라마도 아니고.

진화 _ 진짜라니까, 나도 지금 신기하다니까. 내가 그 호텔에 간 것도, 주식이 오른 것도 다 꿈같아.

동료 _ 네 얼굴에서 웃음이 떠나지 않을 만하네. 나한테도 주식 정보 공유해주라. 콜?

플루토스 이제 정신 좀 차려라. 네가 계속 그러고 있으니까 회사 사람들이 이상하게 생각하잖아. 원래 이상한데 더 이상해졌다고 소문나겠다.

진화 아, 그거 또 먹고 싶어요. 거기서 또 자고 싶어. 아, 이래서 돈이 좋은 거였어요. 왜 이제야 이걸 알았을까요? 저도 나름 저축도 열심히 하고 돈도 모은다고 제법 모았는데… 쌓이는 돈을 보면서 뿌듯했는데. 그 기쁨보다 그 호텔에서의 하룻밤이 더 행복한 걸요.

플루토스 당연하지. 말했잖아. **돈은 처음부터 쓰여지기 위해 태어났다고. 자신의 역할을 했으니 돈은 너에게 '자유를 줘서 고마워' 하고 즐거움과 행복을 주고 간 거야.**

진화 모아놓은 돈을 보는 것보다 돈을 쓸 때 더 기쁘다니 너무 신기하네요.

플루토스 쌓인 돈을 보면 돈이 쌓여가고 있으니 뿌듯하겠지. 하지만 넌 그때 잠시 뿌듯하지. 하지만 사고 싶은 게 생기거나 먹고 싶은 게 생기면 어때?

진화 짜증나요. 이거 사고 싶은데 돈을 모아야 한다는 생각에, 먹고 싶은데 참아야 한다는 생각에 기분이 좋지 않죠.

플루토스　너뿐만 아니라 사람들은 다 그래. 돈을 쓰지는 않고 모으기만 하고, 돈이 있어도 '참아야 한다'고 다짐하지. 그러면서 '돈은 짜증난다', '돈이 없다', '돈이 있으면 뭐하나', '소용이 없다'라는 생각을 하게 되지. **그런 생각을 하니 돈이 너에게 오지 않아. 돈은 쓸 때 행복한데, 쓰지 않기 때문에 기분이 항상 나쁜 거지.**

진화　행복과 기분 나쁜 것은 한끗 차이네.

플루토스　**사람들은 '돈'이라는 그냥 종잇조각을 모으기 위해 정신이 팔려있어.** 종잇조각을 모아봤자 뭐 할 건데? 그냥 A4 용지일 뿐이라고. A4 용지 모아서 뭐할래? 글을 쓰거나, 프린트를 하거나, 복사를 하거나, 그림을 그리거나 그 물건에 맞는 용도로 써야 제 역할을 하고, 기분도 좋지.

진화　A4 용지라고요? 그 종이를 모으는 게 돈을 모으는 것이나 똑같다니! 하긴 A4 용지나 돈이나 자기 역할을 하지 못할 거라면 가지고 있을 필요도, 모을 필요도 없죠.

플루토스　딸이 가장 좋아하는 음식이 뭐였지?

진화　미역국이요.

플루토스　딸은 미역국을 좋아해. 근데 미역국은 먹지 않고 미역만 찾으러 다니는 거야. 그리고 미역만 집에 계속 쌓아두는 거지. 그럼 어때?

진화　요리해서 먹지 않으면 다 썩겠죠. 그리고 열 받아서 화내겠죠.

플루토스 사람들은 돈을 써야 할 곳에 써야 하는데 미역처럼 썩게 두고 있다는 거야. 너는 우주에 원하는 것을 주문했어. 우주는 네가 원하는 것을 이루어주기 위해 다른 사람을 통해서 주기도 하고, '돈'을 보내주기도 해. 그럼 그 '돈'으로 원하는 것을 사면 돼. 쓰면 돼.

진화 근데 그 돈으로 그것을 쓰지 않고 모아두었으니 우주는 이제 원하는 게 있어도 '돈'을 안 준다는 건가요?

플루토스 맞아. 너는 호텔에 가고 싶다고, 그런 곳에서 식사를 하고 싶다고 원했잖아. 하지만 '돈'이 걱정되었지. 이 돈을 호텔비로 쓰면 이번 달에 저축을 못하고, 딸이 학원을 못 다니고 등등… 그런데 막상 갔다 오니 어때?

진화 행복했죠. 그리고 주식이 갑자기 올라서 돈이 들어왔네요.

플루토스 그래. 돈이라는 것은 그래. 네가 원했기 때문에, 그 돈을 사용했을 때 행복했기 때문에 다시 돈은 돌아온 거라고. 그날 호텔에서 돈을 쓰고 또 무엇을 얻었지?

진화 경험이요. 그리고 '나도 이런 곳에서 밥을 먹을 수 있다', '나도 이런 곳에서 100만 원을 내고 지낼 수 있다', '나도 부자가 될 수 있다', '내가 오고 싶으면 언제든 올 수 있다' 이런 자신감이요.

플루토스 경험을 통해 기회를 얻었고 자신감을 얻었지. 너의 돈 그릇은 하루에 호텔비로 100만 원을 쓸 수 있는 그릇으로 커졌어. 그릇이 커져야 수입도 커지지. 수입이 커지면 풍요로움도 커지지.

진화   저의 돈 그릇이 진짜 커졌다는 게 느껴져요. 그리고 **돈을 가지고 있었을 때보다 썼을 때 풍요로움이 더 크네요.**

플루토스   **돈을 무조건 쓴다고 풍요로움을 느끼는 것은 아니야. 그 돈을 썼을 때 즐겁고 행복해야 풍요로움을 느끼게 돼. 그리고 돈 그릇도 커지고.**

진화   그럼 돈을 쓸 때는 기분 좋게 써야겠네요. 그래야 그릇이 커지고 돈도 더 들어온다는 거죠?

플루토스   응. 사람들이 돈이 들어올 때는 기분이 좋다가 돈을 쓸 때는 기분이 안 좋아져. 돈을 쓸 때도 기분을 좋게 하는 거지. '돈을 쓰면 기분이 좋다'라고 생각하면 우주는 '돈을 쓰면 좋다'라고 주문을 받지. 우주는 너의 기분을 좋게 하기 위해 돈을 준비해. 그리고 너는 그 돈을 쓰고 행복하지.

진화   그래서 부자들은 돈을 써도 돈이 들어오고 반복되는 거였네요.

*동료1_* 벌써 점심시간 되었네. 오늘은 메뉴가 뭐지?

*동료2_* 글쎄요. 아~ 배고프다.

*진화_* 오늘 우리 팀원들 전부 점심 제가 쏠게요~

동료1 _ 뭐라고? 이진화가 오늘 점심을 쏜다고?

동료2 _ 요즘 이상하더니 갑자기 왜 저러지? 오늘 점심 사고 나중에 더 비싼 거 사달라고 졸라대는 거 아냐?

진화 _ 뭘 수군거려요. 제가 오늘 밥부터 커피까지 풀코스로 쏠게요. 걱정 마세요. 나중에 딴 말 안 할게요.

동료들 _ 오~ 잘 먹을게. 고마워

진화 _ 동료들이 좋아하니까 나도 기분이 좋네. 이게 행복이구나.

돈은 종잇조각에 불과하다. 집에 종이를 쌓아두고 무엇을 할 것인가? 쌓여있는 종이를 상상해보라. 아무 의미가 없다. 당신이 종이를 가지고 필요한 곳에 써야 종이도 즐겁고, 당신도 기쁘다. 그리고 종이에 대한 감사함을 느낀다.

돈도 마찬가지다. 어딘가 쓰여지고 기쁨을 느끼고 싶어 한다. 돈으로 경험과 기회를 사라. 그리고 풍요로움을 느껴 돈 그릇을 키워라. 돈을 쓰면서 '나는 행복한 사람이다'라고 외쳐라. 항상 외쳐라. 당신은 진짜 행복한 사람이 될 것이다.

부자는 필요한 것만 사며
물건보다는 경험을 산다

"네가 원하는 것을 사지 말라. 필요한 것을 사라."

마르크스 p. 카트

동료1 _ 어머, 이 가방 예쁘다. C 명품이잖아. 이거 비싼데…

동료2 _ 진짜 예쁘다. 샀어요?

동료3 _ 아니요. 선물 받았어요. 남자친구가 생일선물로 사줬어요.

동료2 _ 진짜? 남자친구 완전 능력남에 센스쟁이네.

동료1 _ 부럽다. 내 남자친구는 C 명품이 뭔지도 모르는데.

동료2 _ 한번 들어봐도 돼요?

동료3 _ 그럼요. 들어보세요.

동료1 _ 나도 하나 살까?

동료2 _ 우리 퇴근하면 다함께 백화점 가서 하나씩 살까? 같은
거 말고 다른 거 사면 돼지. 거기 예쁜 거 많잖아.

진화 _ …… 이 가방 얼마예요?

동료1 _ 500만 원가량 할 거예요.

진화 _ 500만 원이요? 헐, 두 달 월급! 예쁘긴 예쁘네요.

동료2 _ 오늘 우리 구경 갈 건데 함께 갈래?

진화 _ 전 돈이 없어서… 두 분이 갔다 오세요.

동료1 _ 구경만 하면 되잖아. 같이 가자.

진화 _ 구경만요? 그래요. 구경만 같이 가요.

결국 진화는 가방 하나를 사가지고 집으로 왔다.

플루토스 가방 못 보던 거네. 예쁘네. 이거 진짜 C 가방이랑 완전 똑같이 생겼네. 요즘 세상 기술 진짜 좋네.

진화 이거 진짜랑 완전히 똑같이 생긴 게 아니라 진짜예요.

플루토스 뭐? 진짜라고? 이걸 산 거야?

진화 동료들이랑 구경만 하러 가기로 했는데… 옆에서 직원들이 너무 예쁘다고 칭찬하는 거예요. 다들 하나씩 사는데 나만 안 사기도 민망하고, 나만 안 살 수 없는 상황이었다니까요. 마침 내가 쓰는 카드가 이벤트로 12개월 할부를 해준다고 하는 거예요. 그래서 확 질렀어요.

플루토스 그랬군! 이 가방 꼭 필요한 거야?

진화 뭐… 꼭 필요한 건 아니죠. 그냥 '나도 명품 가방 있다' 뭐 이런 기분?

플루토스 낼부터 가지고 다니면 자신감 생기겠네.

진화 어휴, 이 비싼 걸 어떻게 들고 다녀요. 뭐라도 묻으면 어쩌려고요. 지하철 타면 사람들 틈에 끼여서 다 구겨져요.

플루토스 그럴 거면 뭐 하러 샀어? 물건도 써야 그 물건의 의미가 있지. 집에 모셔둘 거면 소용없잖아.

진화 그래도… 매일 들고 다니면 색도 변하고 낡을 텐데. 아, 그나저나 매달 카드값도 더 나가겠네.

플루토스 그럴 거면 당장 가서 환불해.

진화 환불을 하라고요? 언제는 돈은 써야 된다고, 쓰라면서요. 저도 명품가방 하나는 있어도 되지 않아요?

플루토스 너는 지금 그 가방을 사고 즐겁지 않잖아. 그 가방 들고 다니면서 자신감도 살아나고, 그 자신감 때문에 일도 더 잘되고 기분이 좋다면 사도 돼. 그런데 넌 지금 기분이 어때?

진화 카드값 때문에 기쁜 것보다는 걱정이 되죠. 가방은 좋기는 한데… 꼭 필요한 게 아니기도 하고, 그냥 홀려서 산 것 같고, 카드값은 걱정되고.

플루토스 **그것은 낭비야. 부자들은 정말 필요한 것만 사.**

진화 부자들은 맨날 명품가방 사고, 명품 옷을 입고, 외제차를 몰고, 사고 싶은 거 다 사는 거 아닌가요?

플루토스 **부자들은 명품이나 외제차에 관심 없어. 가난한 사람들이**

야 부자처럼 보이기 위해서 부자인 척 그런 것들을 사는 거지. 부자들이 명품이나 외제차를 사는 건 일이나 직업 때문에 필요해서 살 경우겠지. 생각해봐. 부자들은 원래 부자인데 부자인 척하려고 그것들을 살 필요 없잖아.

진화   부자는 부자이니까 부자인 척하지 않는다?

플루토스   그래. 애플의 '스티브 잡스'는 항상 까만 터틀넥과 청바지를 교복처럼 입고 다녔지. 공식적인 자리에서도 말이야. 페이스북의 '마크 저커버그'는 중요한 자리에서 회사를 소개할 때도 후드티셔츠 차림이었어. 네 주위 사람들을 돌아봐. 명품으로 자신을 세팅하고, 외제차를 모는 사람 중에 부자가 있어?

진화   음… 글쎄요… 그들도 저처럼 매일 카드값 때문에 고민하고, 돈이 없다고 투덜대는 사람들이죠.

플루토스   돈이 없으면 안 사면 되지. 징징대면서 그런 것들을 사는 이유가 뭘까?

진화   생각해보니 그러네요. 안 사면 되지.

플루토스   꼭 필요하지 않은데 물건을 계속 사는 사람들은 스트레스 해소를 위한 용도로 돈을 쓰는 거야. '난 열심히 일했으니까 이 정도는 사도 되겠지?' 보상 심리로 사는 거라고. 잠깐의 쾌감을 위해. 하지만 이렇게 산 물건은 금방 지겨워지지. 그리고 어딘가에 처박아두지. 그리고 또 사지. 잠시

쾌감을 느끼고는 또 처박아두지. 계속 반복되는 거야. 가난한 사람들의 특징이지.

진화 저처럼 분위기 때문에 사는 경우도 있겠네요. 판매원들이 예쁘다고 하고, 다른 사람이 옆에서 사니까 나만 안 사면 자존심 상하고.

플루토스 판매원들은 알지. **손님들은 사고 싶은 마음이 1%라도 있으니까 매장에 들어왔다는 것을. 영업하는 사람들은 사고 싶은 마음을 1%에서 90%까지 끌어올리지.**

진화 저도 진짜 가방을 살 마음은 크게 없었어요. 물론 1%는 있었겠죠. 그러니까 저도 따라 갔을 테고… 거기 직원들은 '내일부터 가격이 올라요. 오늘 사야 되요', '이거 한 개밖에 안 남았어요. 마침 잘 오셨어요', '이 가방의 주인은 고객님이시네요'라고 사고 싶은 마음을 90%로 끌어 올리더라고요.

플루토스 맞아. 그 순간 사지 않으면 '내가 돈이 없다는 게 들통나면 어쩌지? 이대로 나가면 날 뭘로 볼까' 전전긍긍하지. 쓸데없는 자존심에 돈 있는 척하면서 사는 거야. 사실 판매원들은 네가 그 가방을 사지 않아도 아무 생각이 없는데 말이야. 하지만 부자들은 '**지금 나한테 이 가방이 필요할까? 필요하지 않을까? 필요하다고 확실해지면 그때 사자**'라고 판단하지.

진화   '나한테 지금 필요한가? 필요하지 않을까?'만 생각한다는 거죠? 부자들은 그냥 사고 싶으면 막 다 사는 줄 알았는데… 그게 아니었군요.

플루토스   사람들은 '이 가방은 사기 힘든 것이다. 이 가방을 살 돈이 없다'라고 생각하니까 그 가방이 계속 사고 싶은 거야. 외제차를 타고 싶은데 '지금은 돈이 없다'라고 생각하니까 더 갖고 싶은 거라고. 만약 네 통장에 매일매일 천만 원씩 입금된다고 생각해봐. 그럼 지금 당장 명품가방을 사고 외제차를 사고 싶을까?

진화   음… 지금 당장 안 사도 되죠. 나중에 필요하면 그때 사면 되겠죠? 어차피 돈이 계속 들어오잖아요.

플루토스   부자들도 똑같아. 어차피 **내가 살 수 있을 때 언제든 살 수 있다고 생각하기 때문에 꼭 필요한 것 외에는 살 필요가 없는 거지. 가난한 사람들은 '나는 돈이 없어서 살 수 없다'고 생각하니까 더 사고 싶은 거라고.**

진화   '돈이 없어서 살 수 없다'고 생각하면 우주에 '돈이 없다'로 주문되어 계속 돈이 없는 것으로 이루어지겠네요. 그래서 가난한 사람들은 더 가난해지고.

플루토스   그래. 부자들은 물건보다는 오래 기억에 남을 수 있는 즐거움, 행복, 기쁨을 위해 돈을 쓰지. 가족과 함께 여행을 가거나, 소중한 사람과 식사를 할 때, 건강을 위해 몸에 좋은 음식을 사먹을 때… 눈에 보이지는 않지만 함께 시간을 보내고 기쁨을 느끼는 곳에만 돈을 쓰지.

진화 생각해보니 100만 원을 내고 호텔에 갔다 왔을 때는 돈이 아깝지 않았어요. 지금도 기쁘고 좋은 추억으로 남아 있죠. 하지만 이 가방을 샀을 때는 그때 그 순간은 좋았지만 지금은 기쁘지 않네요. 오늘 당장 환불하러 가겠어요.

진화 _ 안녕하세요. 저 이거 환불하려고요.

직원 _ 손님, 이거 손님께 너무 잘 어울리셨는데.. 왜요? 혹시 가방에 문제가 있었나요?

진화 _ 아니요. 지금 당장 필요가 없어서요. 필요할 때 다시 사러 올게요.

직원 _ 그때 되면 가격이 더 올라 있을 텐데요.

진화 _ 알고 있어요. 괜찮아요. **저는 제가 사고 싶을 때 언제든 이 가방을 살 수 있거든요.**

직원 _ 네 고객님. 바로 환불해 드릴게요.

진화 _ 감사합니다.

플루토스 오~ 맞아. 부자들은 언제든 살 수 있다고 생각하기 때문에 물건에 집착하지 않아.

진화 이제 너무 마음 편해요. 돈이 계속 들어온다고 상상하니

저 가방이 갖고 싶다는 생각이 안 들어요. 언제든 살 수 있으니까요. 뭔가 풍요로운 느낌이랄까… 이제 부자의 마음이네요.

내가 아는 부자 중에 300억 원대의 자산가가 있다. 그는 6년 동안 경차를 타고 다녔다. 명품가방을 들고 다니는 모습을 한번도 보지 못했다. 다른 200억 원대의 자산가는 항상 똑같은 점퍼를 입고 겨울에도 똑같은 롱패딩을 입고 다닌다. 차도 없다. 항상 지하철을 타고 다닌다.

내 지인들 중에 가난한 사람들이 많다. 그들은 만날 때마다 명품 가방을 가지고 오고, 외제차를 타고 온다. 그들 중에는 집 한 채 없는 사람들도 많다. 집을 사라고 말하는 것이 아니다. 그들을 볼 때마다 '나는 가난합니다. 당신에게 부자가 아닌 것을 들키고 싶지 않습니다'라고 말하는 것 같다. 미안하지만 사람들은 다 안다. 당신만 모를 뿐이다.

부자는 가치가 있는 곳에만 돈을 사용한다

"100달러를 벌기보다는 1달러를 아껴라."

워렌 버핏

진화 _ 율아야. 우리 집 앞에 1,000원숍이 생겼대. 가볼까?

율아 _ 1000원숍이 뭐야?

진화 _ 거의 모든 물건이 1,000원밖에 안 한대. 제일 비싸야 5,000원 짜리라네.

율아 _ 진짜? 근데 요즘 과자 한 개도 1,000원짜리 잘 없는데 어떻게 1,000원에 팔지? 신기하네.

진화 _ 그러게. 한번 가 보자.

율아 _ 엄마. 진짜 거의 다 1,000원이야.

진화 _ 사고 싶은 거 골라봐. 엄마도 구경 좀 할게.

율아_ 엄마. 왜 이렇게 많이 사?

진화_ 신기한 물건들이 많아서 한번 사보려고.

율아_ 이거 다 필요할까? 쓸 일이 없으면 어떻게 해?

진화_ 있으면 쓰지 않을까? 뭐 어때. 1,000원 밖에 안 하는데. 넌 뭐 골랐어?

율아_ 난 그냥 슬라임 하나만 사면 돼.

진화_ 사고 싶은 거 더 사. 어차피 1,000원인데 뭐.

율아_ 아니야. 다음에 또 오면 되지. 이제 다 샀으면 가자.

플루토스 뭘 그렇게 잔뜩 사서 들어 오냐?

진화 아~ 집 앞에 1,000원숍이 생겼는데 신기한 물건들이 많더라고요. 이게 다 1,000원 밖에 안 한다니까요. 그래서 샀어요. 1,000원이면 진짜 싸죠?

플루토스 어휴, 그러면서 넌 맨날 돈 없다고 난리냐. 이런 쓸데없는 물건들을 왜 사냐?

진화 1,000원 밖에 안 하는데 뭐 어때요.

플루토스 1,000원은 돈 아니냐? 1,000원이라도 마구 쓰니까 돈이 없는 거지. 네가 1,000원은 큰돈이 아니라고 생각하니 그냥 막 쓰는 거야.

진화 1,000원이 무슨 큰돈이에요? 1,000만 원이면 몰라도.

플루토스 부자들은 1,000원이라도 그냥 허투루 쓰지 않아.

부자 엄마, 가난한 엄마

RICH MOM POOR MOM

진화 부자들이요? 그렇게 돈이 많으면서 1,000원을 아낀다고 요? 치사하고 쩨쩨한데.

플루토스 부자들은 1,000원도 소중하게 생각해. 그리고 1,000원을 쓸 때도 이 물건이 진짜 필요한지를 따지지. 가난한 사람들은 '1,000원밖에 안 되는데'라고 생각하고 필요 없어도 싸다는 이유로 물건을 사지. 그러면서 '나는 절약한다. 그런데 돈이 안 모인다'라고 불만을 갖지.

진화 어차피 1,000원 아낀다고 부자가 되는 것도 아니잖아요.

플루토스 너는 지금 계속 1,000원이라는 '금액'에 초점이 맞춰져 있어. 부자들은 가격이 아닌 가치에 중점을 두고 돈을 쓰지.

진화 가치요?

플루토스 네가 1,000원숍에서 산 물건들을 잘 살펴봐. 지금부터 내가 말하는 대로 분류해보는 거야.

첫째, 지금 꼭 필요한 물건인지.
둘째, 그 가격보다 더 가치가 있는지.

진화 잠시만요… 이건 집에 있고, 이건 진짜 필요한 것이고, 이건 그냥 예뻐서 사봤고… 뭐야, 이건 못 쓰겠네. 역시 1,000원짜리야. 20개 중에 지금 꼭 필요한 물건은 3개, 1,000원보다 더 가치가 있는 물건은 5개 정도? 나머지는 필요 없거나 못 쓰는 것들이네요.

플루토스 거봐. 부자들은 꼭 필요하거나 그 가격보다 가치가 있는 물건만 사지. 하지만 가난한 사람들은 그 금액, 가격만 보고 사지. 그러니 필요하지 않은 물건까지 사게 되고, 싼 가격에 샀으니 쉽게 버려도 된다고 생각해.

진화 오늘 20,000원을 썼는데 8개 물건을 제외하면…어찌 보면 12,000원을 낭비한 거네. 아이쿠!

플루토스 그렇지. 12,000원이면 그 돈으로 다른 가치 있는 무언가를 경험하거나 물건을 살 수 있는 돈이잖아. **작은 돈, 작은 차이가 하루, 이틀, 일 년, 이 년이 지나면 많이 커진다고.**

진화 그래서 부자들은 차를 살 때도 외제차나 새 차를 사지 않는군요.

플루토스 새 차를 사면 가치가 떨어지면서 가격도 떨어질 것인데 뭐하러 사겠어. 차라리 그 돈으로 더 가치 있는 곳에 투자하거나 수익을 올리지. 차를 고를 때 부자들은 우리 가족이 안전하고 기름값이 많이 들지 않는 차를 선택하지. 가난한 사람들은 남들이 부러워할 차를 고르지. 가난한 사람들은 가치보다는 가격을 중요시하니까 비싼 차가 좋다고만 생각하지. 그래서 꼭 새 차를 사고 외제차를 사지.

진화 정말 그러나?

플루토스 부자들과 가난한 사람들은 물건을 사는 것만 봐도 대번에

알 수 있지. 지금 휴대폰 요금제 뭐 쓰고 있는지 알고 있어? TV 요금제는? 보험료는 매달 얼마 나가지?

진화 휴대폰 요금제는 제일 비싼 거 쓰는 거 같은데… TV 요금은 모르겠고, 보험료는 글쎄요. 계산해봐야 할 것 같은데요. 근데 그건 왜요?

플루토스 푼돈을 하찮게 생각하는 사람은 보통 자신의 통장에서 매달 얼마가 나가는지 정확히 몰라. 그 요금제들과 보험료가 지금 자신의 수입이나 형편에 적당한지도 모르지. 얼마 되지 않는다고 생각하니 관심을 두지 않는 거야. 이러한 것들을 몇 달만 내는 것도 아니잖아.

진화 적어도 2년? 3년? 보험은 10년, 20년도 더 내죠.

플루토스 이렇게 긴 시간을 매월 내는데도 푼돈이라는 생각 때문에 돈이 새는 줄도 몰라. 그러면서 '나는 돈이 없다'고 투덜거리는 거지.

진화 그러고 보니 한번도 생각하지 못했네요. 그냥 어쩔 수 없이 당연히 나가는 돈이라고 여겼으니까요.

플루토스 **부자들에게 어쩔 수 없는 돈, 그냥 나가는 돈이라는 건 없어. 꼭 필요한 곳에만 지출하고, 가치가 없는 곳에는 단 1원도 쓰지 않지.**

진화 이런 돈들이 쌓이고 쌓이면 진짜 커지겠는데요. 하루 이틀도 아니고 몇 년을 내는 거니까요.

플루토스 부자들은 돈을 쓸 때 '나는 이것을 사면 무엇을 얻을 수 있을까?'를 생각해.

진화 부자들은 쉽게 돈을 벌고 쉽게 돈을 쓰는 줄로 알고 있었는데… 버는 것도 쓰는 것도 모든 것이 쉬워보였거든요.

플루토스 부자들은 진짜 쓸 곳에는 꼭 돈을 쓰고, 쓰지 않아야 할 곳에는 돈을 쓰지 않지. 반대로 가난한 사람들은 쓸 곳에 돈을 쓰지 않고, 진짜 쓰지 않아야 할 곳에 돈을 쓰지. 그 이유는 푼돈을 무시하기 때문이야. 작은 돈이 모여 큰돈이 된다는 것을 경험해보지 못했으니 실천하는 것도 힘들지. 넌 길을 가다가도 필요한 게 없어도 그냥 편의점이나 마트, 백화점엘 들르지?

진화 아, 그건 가끔 제가 좋아하는 음식이나 물건들이 1+1 할 때도 있고, 평소에 할인하지 않는 것들이 30%씩, 50%씩 할인할 때가 있거든요. 그런 것들을 살 때마다 얼마나 기분이 좋은데요. 득템한 기분이라고요. 자주 들려서 확인을 해야 돼요.

플루토스 그러니까 네가 살이 찌지. 당장 안 먹고 싶은 것을 1+1 한다고 굳이 그걸 사서 먹어야겠냐? 1개만 먹어도 될 것을 2개를 먹으니 살이 안 빠지지… 안 먹어도 될 과자와 아이스크림을 할인할 때 먹어둬야 된다는 생각조차도 신기하다.

진화 할인할 때 먹어야죠. 막상 먹고 싶은데 정가를 주고 사려

면 얼마나 속상한대요. '지금 사먹을까? 아님 할인할 때까
지 기다릴까?' 하고 며칠을 고민하는데요.

플루토스 1+1만 사면 다행이지. 맨날 대형마트 가서 단가 싸다고
대량으로 사놓고는 나중에는 날짜 지나서 버리고, 질려서
못 먹겠다고 버리고, 대량으로 살 때는 1개만 살 때보다
가격이 더 싸다고 생각해서 막 사는 거야. 결국 나중에 버
리게 되면 싸게 산 게 아닌 오히려 돈을 버리게 되는 거지.

진화 앗, 그건 인정.

플루토스 '돈이 없다'고 하는 사람들은 월급이 적어서, 매출이 적어
서 돈이 없다고 하지. 하지만 돈이 없는 진짜 이유는 푼돈
을 우습게 생각하고 써버리기 때문이야. 그런 사람들은 월
급이 많아지거나 매출이 많아져도 '돈이 없다'고 푸념할 거
야. 소득이 늘어나면 그만큼 쓰는 돈도 늘어나기 때문이
지. 지금 푼돈을 소중하게 생각하고 아끼지 않으면 나중에
부자가 되어도 많은 돈을 유지하기는 어려워. 안타까운 것
은 푼돈을 허투루 생각하고 쓰는 사람들은 어차피 부자가
될 가능성이 없어.

진화 넷! 알겠습니닷. '티끌 모아 태산'이라는 말이 그래서 나왔
군요. 이제는 1+1이라도 마구 사지 않고, 할인한다고 막
사지 않겠습니다. 물건을 살 때는 '이것이 꼭 필요한가?'
'가치가 있는가?'만 생각할게요. 마지막으로 오늘 산 1+1

은 그냥 먹는 걸로… 아~ 맛있겠다.

　작은 돈은 써도 티가 나지 않는다. 그래서 중요하게 생각하지 않는다. 작은 돈이 모여야만 큰돈을 만들 수 있다. 큰돈이 갑자기 하늘에서 떨어질 리는 없다. 어쩌다 큰돈이 생기더라도 당신은 금방 그 돈을 써버릴 것이다.

　푼돈 쓰는 것을 절제하지 못하는 사람이 어떻게 큰돈을 절제하겠는가. 작은 돈을 소중히 여기지 못하는 사람이 큰돈을 소중히 여길 리 없다. 그까짓 1,000원이라고 생각하지 마라. 1,000원이 누군가에게는 꼭 필요한 큰돈일 수도 있다.

부자는 보답을 기대하지 않고
남에게 주고 또 준다

"자선이라는 덕성은 이중으로 축복받은 것이요. 주는 자와 받는 자를 두루 축복하는 것이니, 미덕 중에서 최고의 미덕이다."

셰익스피어

진화　　부자들은 가치가 있는 곳에만 돈을 쓴다고 하셨잖아요?

플루토스　응. 가치가 있는 곳에만 돈을 쓰고, 시간을 쓰지. 그리고 투자를 하지.

진화　　그것이 가치가 있는지, 없는지는 어떻게 알 수 있나요?

플루토스　가치라는 것은 사람마다 다르지. 자신이 중요하게 생각하는 게 다 다르니까. 누군가에게는 소중한 것이 다른 누군가에게는 필요 없는 것일 수 있으니까. 하지만 대부분의 부자들이 공통적으로 가치가 있다고 생각하는 것이 있지.

진화　　그런 게 있어요? 뭘까요? 부자들은 명품도 차도 별로 안 좋아한다고 했잖아요.

플루토스 '주고 또 주는 것.' 남을 위해 주는 것에 아끼지 않지. 그리고 가장 가치 있는 일이라고 여기지.

진화 나눔이나 뭐 기부 같은 거 얘기하시는 거예요? 에이~ 그건 부자들이니까 그렇게 하죠. 저도 돈이 많으면 기부하고 싶다고요.

플루토스 가난한 사람들은 돈이 없으니까 기부를 안 하고 돈이 많으니까 기부를 한다고 생각하지. **부자들은 자신이 가난했을 때도 항상 무언가를 주었어.**

진화 가난한데 어떻게 주나요?

플루토스 사람들은 '준다'는 것을 꼭 돈, 물질 등등 보이는 것만 줄 수 있다고 생각해. 언론에 연예인들이나 부자들이 기부를 한다고 하면 '돈 많으니까 저렇게 많이 내지'라고 생각하지. 하지만 네 말대로 돈이 없으면 돈을 억지로 줄 필요가 없어. 받는 사람들도 그런 불편한 돈은 안 받고 싶어 해. 돈이 없다면 다른 것을 주면 되잖아.

진화 다른 것이요? 다른 거 뭐 줄 게 있나요?

플루토스 돈만 있다고 행복과 기쁨을 느끼는 것은 아니잖아. 만약 네 딸이 커서 엄마에게 용돈만 보내고 전화 한번 하지 않는다고 생각해봐. 어때? 행복할까? 기쁠 수 있을까?

진화 전혀 행복하지 않죠. 돈은 안 줘도 되니 차라리 만나서 함께 밥을 먹거나 이야기를 나누는 게 더 좋죠.

플루토스 그래. 돈이 아니어도 상대로 인해 우리는 행복을 느낄 수 있어.

진화 누군가에게 나누고 준다는 건 '돈'만 줄 수 있다고 생각했어요.

플루토스 함께 이야기를 나눌 수도 있고, 무거운 물건을 들고 가는 할머니의 짐을 들어 줄 수도 있고, 필요한 물건을 빌려줄 수도 있고, 엘리베이터를 탈 때 유모차를 끄는 엄마에게 먼저 양보하는 것, 비 오는 날 함께 우산을 쓰는 것, 재활용을 버릴 때 수고하시는 분들을 위해 재활용품을 분리해서 버리는 것, 피곤한 직장 동료에게 커피 한잔 사주는 것, 주차할 때 옆 차를 위해 주차라인을 잘 맞추는 것, 문콕하지 않는 것, 주위 사람들을 항상 칭찬하는 것, 생일 때마다 축하한다고 말해주는 것, 나만 알고 있는 정보를 공유하는 것, 물건이나 음식을 많이 사면 이웃들과 나눠 먹는 것, 운전할 때 보행자를 위해 먼저 멈춰주는 것, 문을 열고 나갈 때 뒷사람을 위해 문을 잡아주는 것, 좋은 일이 있을 때 함께 기뻐해주고 축하해 주는 것, 공동화장실에서 다음 사람을 위해 깨끗하게 사용하는 것, 쓰레기를 아무 곳이나 버리지 않는 것…누군가에게 배려와 나눔을 할 수 있는 방법은 너무 다양하지.

진화 정말~ 너무 많은데요.

플루토스 저번에 집 정리할 때 너는 이미 나눔을 했었잖아. 친구들과 주위 사람들에게 안 입는 옷들과 물건들을 나눠주었지?

진화 그때 많이 나눠줬죠. 주고 나니 저도 기분 좋고, 친구들도 너무 좋아했어요. 평소에 입고 싶었다고, 필요했던 물건들이라고.

플루토스 그래. 꼭 돈이 아니어도 된다니까. 네가 나눌 수 있는 방법은 너무 많아. 물질이 아닌 보이지 않는 것, 배려와 나눔을 통해 사람들에게 주고 또 줄 수 있지. **물질의 나눔은 한계가 있지만 보이지 않는 것들은 한계가 없어. 보이지 않는 것들은 너의 마음을 주는 것이기 때문이지.**

진화 친구들에게 매일 좋은 말을 해주고, 함께 이야기를 나누고, 엘리베이터를 양보하고… 이러한 말과 행동들은 제가 돈이 없어도 계속 할 수 있는 것들이네요.

플루토스 그렇지. 그런 **말과 행동들 또한 너의 마음을 전달하는 것이기 때문에 돈을 기부하는 것과 같은 효과가 나타나지.** 만약 돈을 기부하면서 누군가에게 보여주기 위해서나, 어쩔 수 없이 하는 기부는 차라리 안 하는 게 나아. 기부하면서 기분이 나쁘면 부정적 감정을 일으키고 나에게 좋은 일도 일어나지 않아. 돈도 당연히 나에게서 멀어질 것이고. 하지만 돈을 기부하지 않더라도 좋은 마음으로 너의 정성을 주면 기분이 좋아지고 긍정적 감정을 일으켜 좋은 일도 일어나.

돈도 들어오고.

진화 이것 또한 풍요로운 마음에서 모든 게 비롯되는 거네요. 물질이든 보이지 않는 것이든 '나는 돈이나 마음의 여유가 없다'고 생각하는 사람은 우주에도 '나는 돈이 없다'고 주문이 완료되고 계속 돈이 없겠네요. 하지만 풍요로운 마음을 가지고 있는 사람은 '돈도, 마음도 풍요롭다. 여유롭다'로 생각하니 계속 돈도 많아지고, 마음도 풍족해지는 것이네요.

플루토스 맞아. **베풀기 싫어하는 사람은 '항상 없다'에 초점이 맞춰져 있지. 내가 없으니까 줄 수 없는 거야. 하지만 베풀기를 좋아하는 사람은 '항상 있다'에 초점에 맞춰져 있지.** 만약 회사에서 어려운 사람들을 위한 기부 행사가 열렸어. 금액은 자유롭게 할 수 있지. 넌 얼마 낼 거야?

진화 글쎄요… 일단 1,000원은 좀 그렇고, 10,000원? 일단 만 원으로 콜!

플루토스 그럼 100만 원을 하는 건 어때?

진화 100만 원이요? 어휴, 의심할 것 같은데요. 진짜 내 돈이 어려운 사람들에게 가는 것이 맞는지, 중간에 누가 슬쩍 하는 건 아닌지… '내 눈으로 확인하지 않으면 100만 원을 줄 수 없다'고 말할 것 같은데요.

플루토스 넌 만 원은 쉽게 기부하면서 100만 원은 왜 어렵지?

진화　　만 원은 제가 밥 한 끼 안 먹으면 되지만 100만 원을 벌고, 안 쓰려면 얼마나 힘든데요.

플루토스　그게 가난한 사람들과 부자들의 차이야. **가난한 사람들은 '나는 이것을 다시 얻기 힘들다'고 생각하기 때문에 나누기 힘든 것이고, 부자들은 '나는 이것을 언제나 다시 얻을 것이다'고 생각하기 때문에 쉽게 나누는 것이지. 그게 돈이든 물건이든 말이야.**

진화　　제가 집에 물건을 쌓아둔 것도 그런 마음으로 둔 것이었어요. 돈도 '얻기 힘들다, 벌기 힘들다'라고 생각하니 기부하는 것도 쉽지 않았고요. 사람은 생각대로 이루어진다고 한 것이 맞네요. '다시 얻기 힘들다'고 생각하니까 진짜 다시 얻지 못하는 것이고, '언제나 다시 얻을 수 있다'고 생각하니 다시 얻는 거네요. 부자들은 이 원리를 알기 때문에 큰돈을 나눔하고도 심장이 떨리지 않나 봐요. 저는 작은 돈에도 심장 떨리던데.

플루토스　부자들은 1,000만 원을 기부하면 1,000만 원이 돌아온다는 것을 알기 때문에 선뜻 내놓는 거지. 중요한 것은 1,000만 원을 기부하면 1,000만 원이 아닌 더 크게 돌아온다는 것이야.

진화　　1,000만 원을 기부하는데 그럼 2,000만 원이 들어오나요? 당장 1,000만 원을 기부하러 가야겠어요.

플루토스 그건 어떤 방식으로 무엇이 돌아올지 모르지. 1,000만 원을 기부하면 2,000만 원이 들어올지 3,000만 원이 들어올지 아니면 다른 물질이 들어올지, 좋은 사람을 만날지, 가족에게 돌아올지… 무엇이 어떻게 들어올지 그건 아무도 몰라.

진화 어찌 됐든 베푼 것보다 더 많이 돌아온다는 거네요. 예전에 친구 엄마가 수술을 받아야 하는데 돈이 없다고 빌려달라 하더라고요. 다음 달 월급 나오면 갚겠다고… 그런데 돈을 안 갚는 거예요. 나중에는 연락을 끊더라고요. 병원비 때문에 힘들어서 갚을 수 없나보다 생각은 했지만, 그 엄마가 수술이 잘 되었다는 이야기를 다른 친구에게서 듣고 참 다행이라 생각했어요. 하지만 그 친구에게 서운한 마음이 커지더라고요. 그 뒤로 누군가를 도와주고 싶은 마음이 생기지 않았어요.

플루토스 사람들은 누군가를 도와주면서 기대를 해. 그리고 주었던 그 사람에게서 꼭 받으려 하지. '내가 이만큼 해줬으니까 **이만큼 해줘라**'라는 마음으로 도와주고 베푼다면 그건 진짜 **나눔이 아니야.** 물론 돈을 갚지 않고 연락을 끊은 친구는 잘못했지. 하지만 네 덕분에 엄마 수술이 잘 되었잖아. 그 돈을 다시는 못 받더라도 너에게 다른 방법으로 2배, 3배로 돌아올 거야. 그게 돈이든, 다른 것이든, 너에게든,

네가 아닌 소중하게 생각하는 누군가에게로.

진화   그렇군요. 2배, 3배 돌아온다는 게 중요한 거죠.

> **진화 _** 여러분. 주말 잘 보내셨어요? 좋은 아침~ 오늘 제가 여러분들을 위해 선물을 준비했어요. 짜잔! 월요일이 가장 출근하기 싫잖아요. 그 마음을 알기 때문에 준비했어요. 하나씩 받으세요.
>
> **동료1 _** 어머, 웬 선물이야? 생일에도 다른 사람한테 받은 쿠폰 캡처 해서 주는 사람이… 주말에 로또라도 맞은 거야?
>
> **동료2 _** 그러게요. 살다 보니 이런 일도 다 있네요. 기분은 좋은데요.
>
> **진화 _** 부담 갖지 말고 받으세요. 다음에 저한테 뭐 선물해줘야 되나 그런 생각 안 하셔도 됩니다. 호호호. 저는 2배, 3배 들어올 곳이 있어서요. 호호호.

부자가 되면 기부를 하겠다고 생각하지 마라. 먼저 기부를 해야 부자가 된다. 지금까지 거꾸로 생각하고 있었을 것이다. 기부는 꼭 돈이 아니어도 된다. 당신이 지금 줄 수 있는 것들이라면 아무것이나 상관없다. 그것이 돈이든, 안 쓰는 물건이든, 선물이든, 따뜻한 말 한마디, 배려있는 행동들… 모든 것이 나눔이다. 이런 것들을 주고 또 주어라. 계속 주어라. 그러면 어느 순간 부자가 되어 있을 것이다.

　당신이 나눈 것들이 배가 되어 돌아올 것이다. 그게 어떤 방식으로, 누구에게 갈지는 모른다. 가장 소중한 가족들 혹은 당신에게 최고의 방법으로 갈 것이다. 부자가 되고 싶으면 그냥 주기만 하면 된다. 부자가 되는 방법은 쉽다. 당신이 어렵게 가려고 할 뿐이다.

남의 돈을 내 돈처럼
쓰는 사람만이 부자가 된다

"남을 행복하게 하는 것은 향수를 뿌리는 것과 같다. 뿌릴 때 자기에게도 몇 방울 정도는 묻기 때문이다."

〈탈무드〉

김 과장 _ 진화씨, 이번 주 부산 출장 알고 있지?

진화 _ 그럼요.

김 과장 _ 뭐 타고 갈 거예요? 차 운전하기 힘들 텐데… 숙소는 구했어요?

진화 _ 괜찮아요. 자주 가는 것도 아니고, 음악 들으면서 운전하는 거 좋아해요. 그리고 기차나 비행기 타면 멀미를 심하게 해서요. 숙소는 부산에 친구가 살아서 친구 집으로 가기로 했어요.

김 과장 _ 그래요? 이번 출장 비용을 대표님께서 100만원까지 지원해주시겠다고 하셨는데… 그럼 운전 조심해서 다녀와요.

친구랑 좋은 시간 보내고.

진화 _ '뭐? 경비를 30만원에서 100만원까지 대준다고? 그럼 비행기 비즈니스 좌석 타고 가야되는데… 친구 집에서 잘 필요도 없잖아.' 하하하. 과장님. 생각해보니 제 차가 좀 오래돼서 소리가 나더라고요. 비행기 타고 갈게요. 하하하. 그리고 친구가 갑자기 연락 왔는데 그날 여행 가서 집에 없다고 하네요. 하하하.

김 과장 _ 비행기 타면 멀미한다면서요? 지금 갑자기 친구가 전화 왔다고요?

진화 _ 하하하하. 멀미는 멀미약 먹으면 되죠. 그럼 편하게 잘 다녀오겠습니다.

김 과장 _ 그래요. 그리고 오늘 저녁에 우리 팀 회식하겠습니다.

진화 _ 회식이요? 메뉴는?

김 과장 _ 멀리 부산까지 출장 가는데 원하는 거 골라보세요.

진화 _ '회식할 때 먹고 싶었던 거 왕창 먹어야지.' 하하하하 제가 골라요? 음…. 아, 전 간단하게 회나 한우? 정도면 될 것 같은데요.

김 과장 _ 그래요. 그럼 진화씨가 예약 좀 부탁해요.

동료1 _ 진짜 웃긴다. 간단하게 회나 한우래. 제일 비싼 거 고르네. 역시!

진화 _ 회식할 때 젤 비싼 거 먹어야지. 내 돈으로 손 떨려서 어떻게 사 먹냐.

동료2 _ 그렇긴 해요. 어디로 예약할 거예요?

진화 _ 이 근처에서 제일 비싼 집 있어. 당연히 거기로 해야지.

동료1 _ 이러다가 회식비 너무 많이 나오는 거 아니에요?

진화 _ 내 돈도 아닌데 뭐. 회사 돈인데 뭐 어때.

동료2 _ 아까 선배 진짜 배꼽 잡게 했어요. 멀미해서 차 타고 간다더니 출장경비 100만원 대준다니까 갑자기 비행기 탄다고…. 우리 다 웃음 참느라 혼났어요. 그리고 친구가 전화 왔다고… 너무 티 나는 거 아니에요?

진화 _ 뭐 어떠냐. 내 돈도 아닌데. 어차피 경비 많이 대주는 거 젤 비싼 비행기에 비즈니스 탈 거야. 그리고 젤 비싼 호텔 예약해야지. 신 난다!

동료1 _ 주말에 출장 간다고 온갖 짜증 다 내더니 100만원 나온다니까 갑자기 혈색이 달라졌네. 남의 돈이 좋긴 좋구나.

진화 _ 당연하지. 빨리 회식 갈 준비나 하자고.

플루토스 다이어트 한다더니 뭘 그렇게 많이 먹고 와서 씻지도 않고 뻗어있냐?

진화 오늘 회식했는데 엄청 먹었죠. 남이 사줄 때 비싼 거 실컷 먹어야죠.

플루토스 야, 회사에서 진상이라고 욕하겠다. 저번에 네가 밥 산다고 회사 사람들 데려가 놓고는 중국집에서 사람들이 탕수육 시킬까봐 안절부절못하더니 남의 돈으로 먹는다니까 젤 비싼 집에서 젤 많이 먹고. 너랑 창피해서 못 다니겠다. 내가 사장님이었다면 너부터 잘랐을 거다.

진화   뭐 이런 일 가지고 사람을 잘라요?

플루토스   네가 사장이라고 생각해봐라. 굳이 안 써도 되는 불필요한 경비를 마구 쓰는 직원을 누가 좋아하겠어? 맨날 회사 휴지랑 종이컵 한두 개씩 넣어오고, 복사부터 개인 프린트까지 회사에서 하고, 그것도 무조건 컬러 프린트로… 출퇴근할 때 평소에 지하철 타면서 교통비 지원해준다고 하면 낼름 택시 타고, 너 일부러 물이랑 휴지 아깝다고 대변도 회사에서 해결하잖아.

진화   하하하. 제가 그랬나요? 그건 회사 퇴근 전에 꼭 배가 아픈 걸 어쩌라고요.

플루토스   **네가 무심코 쓰는 남의 돈도 누군가한테는 귀한 돈이야. 그 사람이 다른 데 써야 할 돈을 네가 낭비하는 것이나 다름없다고.** 회사도 마찬가지야. 네가 그 돈을 낭비하면 회사가 다른 곳에 써야 할 돈을 제대로 쓸 수 없잖아.

진화   앗, 그래요? 생각 못 했는데… 그러고 보면 제 딸이 절 닮은 게 확실하네요. 마트 가면 자기 돈으로는 아무것도 안 사면서 엄마가 사주다고 하면 과자 1개를 사고, 다른 사람이 사준다고 하면 5개 고르는… 역시 피는 못 속이네요.

플루토스 **네 돈이 곧, 남의 돈이고, 남의 돈이 곧, 네 돈이야.**

진화 제 돈은 제 돈이지 왜 남의 돈인가요? 남의 돈은 제가 마음대로 못하는데 제 돈이라고요?

플루토스 저번에 얘기했잖아. 돈은 떠돌기 위해 태어난 것이라고. **돈의 주인은 따로 없어. 돈은 어차피 돌고 도는 거야. 그러니 네 돈이 남에게 갈 수 있고, 남의 돈이 너에게 오기도 하지. 그러니 어떤 돈이든 나에게 다시 돌아오게 하려면 내 돈처럼 소중하게 생각해야 돼.**

진화 제가 제 돈만 소중하게 생각하고 남의 돈을 함부로 대하면 돈들이 저에게 안 돌아온다는 거죠?

플루토스 이기적인 주인이라고 안 오려 하지. 그 주인에게 가면 이기적으로 쓰여질 테니까. 그래서 가난한 사람들이 자기 돈만 아까운 줄 알고, 남의 돈은 쉽게 생각하지. 자신은 돈이 없다고 밥 사기 싫어하고, 부자니까 밥을 사라 하고. 부자들은 돈이 많으니까 쉽게 써도 된다고 생각하는 거지. 나랏돈도 마찬가지야. 어차피 내가 내는 세금이니까 막 써도 된다고 생각하지. 길거리에 쓰레기를 그냥 막 버리지. 내가 내는 세금으로 환경미화원들이 치워준다고 생각하니까.

진화 그래도 그러면 안 되는데.

플루토스 마트에 와서 집 쓰레기를 버리기도 하고 카트를 집에 가져가기도 하지. 카트를 쓰고 주차장 한가운데 두고 오지. 직원들은 월급 받고 원래 하는 일이라고 생각하니까. 뷔페식당에 가면 다 먹지도 못하는 음식을 몽땅 담아와서 남기고 오지. 내가 음식값을 계산하니까 그럴 권리가 있다고 여기는 거지.

진화 부끄럽게도 꼭 내 얘기를 하네.

플루토스 자식을 낳고 보니 다른 자식들을 보면 어때?

진화 갑자기 자식 이야기? 아이들은 다 예쁘죠. 제 자식 같고. 아이를 낳기 전에는 몰랐는데 제가 아이를 낳고 키우다 보니 다른 아이들도 제 자식만큼 귀하다는 것을 알게 됐죠.

플루토스 남의 자식도 귀하게 여기면 내 자식도 다른 사람들에게 귀함을 받게 돼. 이건 세상에서 바꿀 수 없는 원칙이지. **돈도 똑같아. 내 돈 귀하듯 남의 돈도 귀하게 생각하면 내 돈도 어디선가는 귀함을 받게 돼. 내 돈이 귀하게 쓰여지면 그 돈이 더 많은 돈 친구들을 데리고 너에게 오겠지.** 생각해봐. 너도 네 자식을 아껴주고 챙겨주는 사람에게 자식을 맡길 수 있지. 네 자식을 무시하고 막 대하면 절대 안 맡기잖아.

진화 난 그냥 회사는 돈이 많으니까, 내가 그만큼 회사에서 일하니까, 라고 생각했었네요.

플루토스 받은 월급보다 더 열심히 일해주고, 필요한 것보다 더 채워준다면 나로 인해 회사든, 나라든, 누군가는 이득을 보겠지.

진화 그렇게 제 돈을 아끼듯 남의 돈도 아껴주면 부자가 될 수 있나요?

플루토스 주고 또 주어라. 그러면 2배, 3배로 돌아올 것이다. 그 원리야. 내 돈은 아끼고 남의 돈을 쓰면 얼마 동안은 나에게는 '이득'일 수 있지. 하지만 그 작은 이득을 얻고 큰 것을 잃을 수 있지. 사람을 잃을 수도 있고, 회사를 잃을 수도 있고, 고객을 잃을 수도 있고. 오히려 **남의 돈은 아껴서 쓰고 내 돈을 남을 위해 쓰는 게 시간이 지나보면 훨씬 '이득'**인 것을 알게 될 거야. 자신의 것만 지키려 몸부림치는 사람은 결국 이익보다는 손해를 보게 되어 있어. 부자들은 그렇게 부자가 되었고 지금도 남의 돈을 자신의 돈보다 더 소중하게 여기면서 살고 있어.

진화 남의 돈을 함부로 대하는 태도가 바로 저의 모습이었네요. 회사에 좀 부끄러운데요. 지금까지 하도 빼먹은 게 많아서… 내가 조금 손해를 보더라도 다른 사람에게 이득이 될 것들을 생각하고 행동해야겠네요.

플루토스 맞아. 이 세상은 너도 나고, 나도 너니까.

진화 _ 과장님. 저 기차 일반실 예약했어요. 그리고 친구가 다시 집에 오라고 해서 가기로 했어요.

김 과장 _ 비용 대주는데 편하게 갔다 오지. 친구 집은 그래도 불편할 텐데.

진화 _ 아니에요. 회사 돈도 제 돈인데 아껴 써야죠.

김 과장 _ 진화씨가 그렇게 회사에 대한 애정이 깊은지 몰랐네. 내가 이번 진급 추천할 때 꼭 그 얘기 전달할게.

진화 _ 오 진짜요? 감사합니다.

돈이라는 것은 돌고 도는 것이다. 언젠가는 나에게 다시 돌아오게 되어 있다. 그러므로 내 돈이 남의 돈이고, 남의 돈이 또한 내 돈이다. 돈도 에너지체이기 때문에 당신이 돈을 어떻게 여기는지 다 느낀다. 내 돈만 소중하고 남의 돈을 함부로 대하면 돈은 그가 이기적 사람이라는 것을 대번에 느낀다. 돈은 그런 사람에게 다시 돌아가고 싶지 않아 한다.

우리가 하는 사소한 행동들이 남의 돈을 소중하게 여기고 지켜주는 것이 된다. 그리고 그 행동들이 결국 나 자신, 내 가족에게 하는 것이 된다.

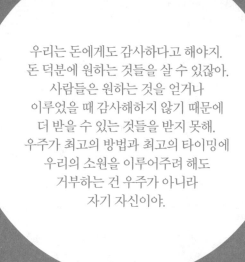

우리는 돈에게도 감사하다고 해야지.
돈 덕분에 원하는 것들을 살 수 있잖아.
사람들은 원하는 것을 얻거나
이루었을 때 감사해하지 않기 때문에
더 받을 수 있는 것들을 받지 못해.
우주가 최고의 방법과 최고의 타이밍에
우리의 소원을 이루어주려 해도
거부하는 건 우주가 아니라
자기 자신이야.

5

부자가 되는 감사법

마음 넓이, 다른 사람의 성공을 질투하면 가난해진다

"마음에 질투를 품지 않도록 조심하라. 왜냐하면 그것은 어떤 것보다 더 빨리 당신을 죽이는 것이기 때문이다. 무엇이건 질투하지 말라. 왜냐하면 질투는 당신이 아름다운 생활을 하지 못하게 막는 것이기 때문이다."

엘리쟈 록키츠

띠리리링~ 띠리리링~

진화 _ 여보세요.

송희 _ 진화야. 별일 없지?

진화 _ 응. 잘 지내고 있지. 넌 어떻게 지내?

송희 _ 나도 잘 지내. 그나저나 너 민경이랑 현영이 얘기 들었어?

진화 _ 무슨 얘기? 우리 저번 달에 만났었잖아. 그 뒤로 연락 못 해봤네.

송희 _ 민경이가 그동안 부동산 투자를 했었는데 지금 집이 10채가 됐대. 그게 다 엄청 올라서 완전 부자됐어. 현영이는 주식투자했는데 장난 아니래. 직장도 다 그만뒀대. 그래서 이번에 집 사고 차도 몇 억짜리로 바꿨대. 둘 다 이번에 강남으로 이사한대.

진화 _ 뭐? 저번 달에 우리 만날 때 그런 얘기 없었잖아.

송희 _ 갑자기 얘기하면 꼭 자랑하는 것 같으니까 얘기 안 했을 수도 있지. 우리가 그런 얘기 자주 하는 것도 아니고.

진화 _ 뭐야. 나를 배신하다니. 이년들. 나 빼고 강남으로 이사 가다니! 우리한테는 정보도 안 주고 치사하게 자기들만 부자 되고. 거기다 저번에 만날 때 내가 밥 사고, 커피는 네가 샀잖아. 나는 집도 없고 이 차는 겨우 끌고 다니는데. 사촌이 땅 사면 배가 아프다더니. 난 배만 아픈 게 아니다. 일단 끊어봐.

플루토스 조퇴하고 며칠째 머리에 뭘 싸매고 누워 있냐? 드라마에서 어머니들이 머리에 끈 둘러맬 때는 충격적 사건이 있거나 스트레스 받으면 그러던데.

진화 말 시키지 마요. 지금 말할 기분 아니에요.

플루토스 무슨 일인데? 사촌이 땅이라도 샀냐?

진화 어떻게 알았어요?

플루토스 뭐 사람 다 똑같지. 남 잘될 때 제일 열 받아 하지.

진화 쳇, 그년들은 시집도 잘 가고 자기들끼리 돈 벌고, 나는 이게 뭐람, 아, 질투나, 속 좁다는 이야기 들을까봐 어디 가서 얘기도 못하고.

플루토스 질투하면 속 좁다는 걸 알기는 아나 보네. 근데 친구들이 부자 되면 축하해줘야 하는 거 아냐?

진화 나는 이러고 사는데 지들만 부자 되고… 아, 기분 나빠!

플루토스 기분도 나쁘겠지만 너 부럽지?

진화 푸하하하하. 부럽기는… 하나도 안 부럽거든요. 집 10채 없어도 돼요. 나중에 집값 폭락하면 어쩌려고요. 직장 그만둔 것도 하나도 안 부러워요. 그리고 굳이 강남에 살 필요 없어요. 제가 사는 곳이 공기도 좋고 직장도 가깝고 얼마나 좋은데요. 하하하하 제가 걔네보다 못한 게 뭐가 있어서요. 부러워할 리가 있겠어요? 하하하.

플루토스 그러면 계속 직장 다니면서 여기서 쭉~ 살면 되겠네.

진화 지금 장난해요? 아이고 아이고, 내 머리야.

플루토스 네가 지금 강남 안 가도 되고, 직장도 계속 다니고, 여기 사는 게 좋다며?

진화 어휴, 내 팔자야. 말을 말아야지.

플루토스 그냥 '부러우면 부럽다', '나도 집 10채 갖고 싶다', '직장 그만두고 싶다', '강남에 살고 싶다' 하면 되잖아. 왜 질투를 하고 그래?

진화 걔네한테 왜 화가 나겠어요? 그건 핑계겠죠. 사실은 제 자신한테 화가 나요. 난 뭐하고 살고 있는지.

플루토스 지금 친구들을 질투하고 부러워하는 것은 '나는 그것을 갖고 있지 않다'라고 우주에 외치는 것이라고.

진화 '나는 그것을 갖고 있지 않다'라고 우주에 외치는 거라고요? 그럼 갖지 않는 걸로 주문이 입력된다는 건가요?

플루토스 당연하지. '나는 그들이 부럽다. 왜냐하면 나는 지금 가지고 있지 않기 때문이다. 나랑 비슷했던 친구들이 나와 거리감이 든다. 난 그것을 가질 수 없을 것 같다'고 생각하는 거잖아. 그리고 자신을 위로하기 위해 이러한 생각을 하지. '내가 걔네보다 못한 게 뭐가 있어? 걔네가 가진 건 다 쓸모없는 것들이야. 지금의 내가 가진 게 제일 좋지'라고 스스로를 합리화시키지.

진화 우주는 제가 생각하는 것들을 그대로 입력하니까.

플루토스 '집 10채는 필요 없다', '직장 다니는 것이 좋다', '강남에 살고 싶지 않다'고 입력하고 있는 거지.

진화 악, 안 돼~ 처음에는 부럽다가, 질투가 나니까 갖고 싶다가, 갖고 싶지 않다가, 열 받다가.

플루토스 **부자들에게 질투와 부러움을 갖는 건 자신이 '없다'라고 인정하는 거라고. 그러니 계속 없는 거지. '없다'고 생각하면** 부정적 마음이 들고 나쁜 감정이 들잖아. 나쁜 감정은 나쁜 일을 끌어당긴다고 했잖아. 만약 내일 집 10채가 생긴다고 생각해봐. 어때?

진화	너무 기분 좋죠. 혹시 10채 주시려고요? 아님 강남 1채라도… 아니다, 서울 아무 곳이나 1채라도, 직장 그만두는 것만이라도.
플루토스	그걸 네가 해야지 왜 나한테 달라고 하냐?
진화	기분 좋다가 말았네.
플루토스	또 '없다'로 생각하네. '있다'고 생각하라니까. 이미 있는데 부러울 게 없잖아. 곧 이루어질 건데 왜 부러워해. 너는 부자가 되고 있는 중이잖아.
진화	곧 이루어진다고요?
플루토스	그래. 우리는 부자가 되기 위해 상상하고 행동했고 지금 부자가 되고 있는 중이잖아. **'나는 부자다'라고 생각해야 부자가 되지. '나는 부자가 아니야. 그래서 그들이 가진 것을 가지고 있지 않아. 나는 없어'라고 생각하면 어떻게 부자가 되겠어.**
진화	'나는 부자고 강남에 살고 차도 바꾸고 매일 즐거운 시간을 보낸다.' 이렇게 생각해야 우주에 주문이 입력되고 그것이 이루어진다는 말이죠?
플루토스	당연하지. 이때 동안 내 말을 무엇으로 들었냐?
진화	그래서 부러우면 지는 거군요.
플루토스	그들을 질투하면서 부러워하면 너한테 이득이 하나도 없어. 그 머리끈 싸매고 누워봤자 뭐가 달라지겠어. **부자들**

에게 '나쁜 놈들'이라고 말한다면 '나는 미래에 나쁜 놈이다'라는 것이 되잖아. 나는 부자가 되고 싶어 하면서 부자는 나쁜 놈이라고 이야기하고. 우주가 얼마나 헷갈리겠냐. 부자가 되고 싶다고 했다가 부자는 나쁘다고 했다가.

진화 그건… 지금 그들처럼 되려면 당장 할 수 있는 일이 없으니까 나쁘다고 핑계를 대는 거죠.

플루토스 할 수 있는 일이 없다고 생각하니까 할 수 없는 거지. 부자들을 볼 때는 불편하고, 화가 나고 반면 가난한 사람들을 볼 때는 동질감이 들면 부자가 될 수 없어. 부자가 되려면 부자들을 볼 때마다 '음… 곧 나의 생활이구나, 나의 모습이구나, 내 삶이구나, 나의 동지들이여~'라고 생각해야지. 그들이 너의 것을 빼앗은 것도 아니고.

진화 그렇죠. 친구들이 제 것을 뺏은 것도 아닌데, 사람 마음이란 참!

플루토스 부자가 되는 상상은 내 모습뿐 아니라 주위 사람들도 함께 등장시켜 상상해주면 더불어 시너지 효과가 나지.

진화 저는 저만 부자가 되는 상상을 했었는데, 주위 사람들도 함께요?

플루토스 그래. 타인을 위한 상상이 나를 위한 상상이기도 하기 때문이지. 회사에서도 일할 때 1명보다는 2명이 낫고, 2명보다는 3명이 낫고, 많을수록 일이 빨리 해결되잖아. 그들도 네가 함께 부자 되기를 상상하고 있을 거야. 그렇다면 그 소원은 더 빨리 이루어지겠지?

진화　오~ 그렇겠네요. 이제는 질투 그만! 상상 시작!

진화 _ 민경아. 너 부동산 투자로 부자됐다며?

민경 _ 아, 다행히 운이 좋았어.

진화 _ 운이 그냥 좋을 리가 없지. 네가 열심히 했으니까 운도 따라 준 거지.

민경 _ 그런가? 고마워. 안 그래도 저번 달에 만났을 때 이야기 하려 했는데 꼭 자랑하는 것 같아서 이야기 안 했어.

진화 _ 그 마음 알지. 강남으로 이사도 간다며? 좋겠다. 그리고 너무 멋있다. 나도 곧 따라갈게. 너무너무 축하해.

민경 _ 그래. 기다리고 있을게. 항상 너를 위해 기도하고 있었어. 넌 나보다 더 잘될 거야.

진화 _ 역시 부자들은 마인드가 다르구나. 고마워. 그리고 이제 부터 만나면 밥 네가 다 사. 그리고 호텔 뷔페로 사라.

민경 _ 푸하하. 알겠어. 내가 다 살게.

부자가 되고 싶다면 부자를 질투하지 마라. 부러워도 하지 마라. 어차피 당신도 부자인데 부러워할 필요 없지 않는가? 부러우면 100% 진다. 부러워한다는 것은 '지금 부자가 아니다'라는 생각을 하고 있기 때문이다.

우주는 지금과 미래를 구분하지 못한다. 그렇기 때문에 당신을 계속 부자가 아닌 상태로 유지하게 할 것이다. 부자를 보면 동질 감을 느끼고, 대등한 관계라고 여겨라. 그들과 함께 이야기를 나누고 식사를 하는 것을 상상하라. 그들을 칭찬하고 그들에게 배우려 노력하라. 부자들을 욕하고 외면해봤자 당신이 손해지 그들은 손해가 아니다.

내가 어느 정도 부자가 되겠다는
목표를 세워야 한다

"대부분의 사람이 자신이 설정한 목표를 결코 달성하지 못하는 이유는 목표를 명확히 정의하지 않았거나, 그 목표를 이룰 수 있다는 믿음을 갖지 않았기 때문이다. 승자들은 자신이 어디로 가고 있는지, 그 길을 가면서 무엇을 할 계획인지, 그 모험을 누구와 함께 할 것인지 말할 수 있다."

데니스 웨이틀리

진화 _ 현영아. 너 곧 이사 간다며? 차도 바꾸고, 직장도 그만뒀다며?

현영 _ 응. 그렇게 됐어. 소식 들었구나?.

진화 _ 이사 준비하느라 정신없겠다. 근데 애초부터 강남으로 이사할 생각이 있었던 거야?

현영 _ 당연하지. 나 직장이 원래 강남이었잖아. 그래서 출퇴근 때마다 내가 살고 싶은 아파트를 지나다녔지. 그리고 내 집이면 좋겠다고 꿈꿔왔었지.

진화 _ 근데 진짜 그 집으로 이사 가게 된 거야?

현영 _ 다른 아파트도 많은데 딱 그 아파트를 원했거든. 그 아파트 중에서도 딱 원하는 동도 있었는데 신기하게 진짜 그 아파트에 원하는 동, 호수로 이사 가게 됐지 뭐야. 차도 내가 딱 원하던 차가 있었거든. 그걸로 바꾸게 됐어.

진화 _ 진짜 상상하고 생각하면 이루어진다는 말이 맞구나.

현영 _ 그러니까. 처음부터 무엇을 계획하느냐가 중요해.

진화 _ 아, 그렇구나! 너무너무 축하해. 이사하고 초대해줘. 집에서 맛있는 거 해줘라.

현영 _ 당연하지. 이사하고 연락할게. 고마워.

진화 계획? 그런 거 생각해본 적 없는데… 돈 버는 데 계획이 필요하다고?

플루토스 초등학교 때 방학 시작하면 방학계획표 만들었지? 계획표를 만들지 않으면 방학을 알차게 활용할 수 없잖아. 말로만 '이번 방학 때는 무엇을 해야지' 결심했으면서도 금방 잊어버리고 실천하기 힘들지. 하지만 방학계획표를 만들어 책상 앞에 딱 붙여놓으면 내가 이 시간에 무엇을 하기로 했는지, 어디를 가야 하는지 쉽게 알 수 있잖아. 계획했던 것들을 실천할 수 있고. 그것처럼 부자가 되려면 정확한 목표와 계획이 필요해.

진화 저는 그냥 돈이 지금보다 더 많았으면 좋겠다고만 생각했는데.

플루토스 그래? 여기 있다. 자 10,000원 받아.

진화 갑자기 10,000원은 왜요?

플루토스 지금보다 돈이 더 많으면 좋겠다며? 내가 10,000원 줬잖아. 지금보다 돈이 더 많아졌잖아. 네 소원 이루어줬으니까 난 간다. 이제 안녕!

진화 아니, 이것 보세요. 부자 되게 해준다고 해놓고 달랑 10,000원 주고 간다고요? 어쩐지 이때 동안 로또 번호는 안 알려주고… 처음부터 로또 번호는 몰랐던 거죠? 그래놓고 지금 도망갈 방법 찾다가 10,000원 주고 소원 이루어졌다, 하고 냅다 도망가려는 속셈 누가 모를 줄 알아요?

플루토스 네가 지금보다 돈이 더 많은 게 소원이라며? 네가 원하는 금액을 정확히 이야기해야 내가 들어주든, 우주가 들어주든 하지.

진화 그냥 먹고살 걱정 없을 만큼을 항상 원했었다고요.

플루토스 너는 지금 딱 먹고살 돈만 있잖아. 네가 지금 먹을 게 없어서 굶어죽냐, 집이 없어서 얼어죽냐. 이미 우주가 너의 소원을 들어줬네.

진화 앗, 그러고 보니 그러네… 뭐야. 그럼 더 큰 것을 원했어야 했나?

플루토스 당연하지. 부자들이 설마 너만큼의 포부를 가지고 부자가 됐겠어? 이 세상에 그냥 먹고 살 걱정 없을 만큼, 지금보다 돈을 더 많이 갖고 싶다고 해서 부자된 사람은 없어.

진화 그럼 정확히 얼마를 갖고 싶다고 목표를 정해야 한다는 거죠?

플루토스 당연하지. **얼마를 원하는지, 그 돈으로 무엇을 할 것인지도 정확한 계획이 있어야 돼.** 너 패밀리레스토랑 갈 때 어때? 3일 전부터 뭐 먹을지 미리 메뉴를 계획하잖아.

진화 패밀리레스토랑 갈 때는 심히 심사숙고를 해야죠. 런치세트에 음료는 오렌지에이드? 자몽에이드? 스프가 나오는데 하나는 스프를, 하나는 추가 금액을 내고 샐러드를 주문해야죠. 그리고 치킨을 2조각 올리고. 스테이크 굽기는 미디움으로, 사이드 메뉴는 고구마, 아니다, 감자튀김에 오지치즈를 올려야죠. 스파게티는 소스를 좀 많이 달라고 해야되고, 생일쿠폰이나 할인카드까지도 알아보고 가야죠.

플루토스 대단하다. 먹는 건 그렇게 며칠을 고민하면서 부자가 되겠다 하고서는 아무런 목표도 계획도 없으면 어떻게 하냐? 먹는 건 아무리 고민해봤자 먹고 싸면 그만인데… 부자가 되는 건 네 인생이 달린 문제라고! 네가 지금보다 돈이 더 많았으면 좋겠다고 원하는 이유가 뭔지 생각해봐.

진화 돈이 생기면 제일 먼저 하고 싶은 것은 해외여행이죠.

플루토스 그렇다면 어디로 해외여행을 갈 거야? 해외여행을 가고 싶다고만 한다면 우주가 널 오지의 인디언 마을로 데리고 갈 수도 있어. 그곳이 딱히 나쁜 곳은 아니지만, 인디언 마을에서 넌 산을 돌아다니면서 사냥을 해야 하고, 우가우가를 외치면서 말이야. 움막집에서 비를 맞고 잠을 자고, 그러다 뱀과 호랑이를 만나고… 푸하하 이미 잡아먹혔겠다. 너의 소원은 이루어졌잖아.

진화　지금 장난해요? 저는 미국에 갈 거라고요. 미쿡이요.

플루토스　푸하하하. 미국 사람 앞에서 영어도 한마디 못하면서.

진화　지금 저 놀리러 왔어요? 아님 부자 되게 해주려고 온 거예요?

플루토스　으흠… 그렇다면 미국으로 여행 주문 완료. 미국에 가기 위해서 얼마 정도 필요하지?

진화　비행기값, 호텔비, 먹는 것, 쇼핑… 알아볼 게 많네요. 저는 돈이 생기면 이런 것들을 알아보려 했었는데.

플루토스　그러니까 소원이 안 이루어지지. 지금 당장 미국 가는 비행기값과 호텔비를 알아봐.

진화　지금요? 보자… 비행기는 왕복 200만 원가량이고, 숙소는 천차만별이네요. 게스트하우스부터 한인민박도 있고, 근사한 호텔도 있지만 10만 원에서 20만 원 정도로 예상하고 구해야겠어요. 와~ 이 호텔 정말 좋네요. 진짜 가고 싶다. 먹는 건 아침은 호텔에서 조식을 이용하고 점심은, 우리나라보다 물가가 비싸고 팁도 줘야 하니까 2만 원 정도로 잡아야겠네요. 저녁은 다이어트 중이니까 금식하는 걸로~ 쇼핑은 친구들이랑 동료들 선물만 사는 걸로 50만 원

정도 잡고, 와! 여기 로스앤젤레스다. 임신했을 때 갔던 곳인데 다시 가고 싶네요.

플루토스 근데 언제 갈 계획이야?

진화 글쎄요. 그것도 생각 안 해봤는데.

플루토스 얼마정도 비용이 들어가는지를 모르니 언제 갈 수 있을지도 까마득한 거지. 먼저 미국 가려면 돈이 얼마나 드는지부터 계산해보자고.

진화 10일 정도 예상했을 때, 비행기 200만, 숙소 200만, 식사는 간식도 먹고 해야 되니까 넉넉하게 50만, 쇼핑 50만⋯ 이렇게 얼추 500만 원정도 필요할 것 같네요. 미국 가고 싶다고만 생각했지 얼마나 비용이 들어가는지, 미국 어디를 갈 건지도 생각 안 하고 있었네요.

플루토스 **추상적이고 모호한 소원은 이루어지기 힘들지. 언제, 얼마나, 어디로, 비용이 어떻게 되는지 정확한 목표를 세워야 우주가 주문을 쉽고 빠르게 들어줄 수 있어.** 패밀리레스토랑에 갈 때도 네가 메뉴를 미리 준비해서 가니까 바로 주문할 수 있잖아. 그러면 음식도 빨리 먹을 수 있고.

진화 히힛, 정말 그렇네요.

플루토스 방금 미국 여행을 준비하면서 어떤 감정이 들었어?

진화 미국 도시와 풍광 사진을 보니까 이미 미국에 간 것 같네요.

플루토스 그래. 그 감정을 그대로 지니고 목표를 세워야 돼. 어떤 감정을 가지려면 구체적 계획이 필요한 거지. '그냥 가고 싶다'고만 생각하면 감정이 느껴지지 않아. 하지만 비행기표를 직접 알아보고, 호텔, 식당 사진을 보면 내가 그곳에 있는 것 같은 느낌이 들고 행복한 기분이 들지.

진화   진짜 그러네요. 나도 모르게 행복이 느껴져요.

플루토스   **지금 정한 목표를 적어서 자주 볼 수 있는 곳에 딱 붙여놔. 목표를 정할 때는 구체적이고 좋은 감정으로 지금 이루어진 것처럼 적는 거야. 감정은 우리를 결단하게 해주고 무엇이든 할 수 있게 힘을 주지.**

진화   '나는 미국 로스앤젤레스 H호텔에서 상쾌한 아침을 맞이하고, 조식을 먹는다. 너무 맛있고 행복하고 감사하다.' 어때요?

플루토스   **좋아. 구체적인 목표가 세워지면 내가 무엇을 이제부터 해야 하는지 계획을 정확히 세울 수 있지.** 500만 원을 저축하려면 얼마 동안 얼마를 모아야 하는지, 어떤 계절에 가면 좋은지, 비행기값이 싼 날짜가 언제인지… 네가 할 수 있는 것들을 준비할 수 있잖아. 지금 해외여행을 가기 위한 목표를 세웠으니 이제 부자가 되는 목표도 세워야겠지?

진화   오~ 부자는 더 큰 목표를 세워 보려고요. '나는 지금 100억 부자이고, 놀고 싶을 때 놀고, 먹고 싶을 때 먹는다. 항상 기쁘고 행복하다.'

플루토스 큰 목표를 정했으니 작은 목표들도 이제 만들어볼까? 100

억 원으로 언제, 어디서, 누구와 무엇을 할 건지 말이야.

진화 좋아요. 너무 재미있어요. 벌써 꿈이 이루어진 것 같아요.

누구나 부자가 되고 싶어 한다. 그런데 부자라는 것은 사람마다 기준이 다 다르다. 자신이 원하는 부자의 모습, 얼마의 돈을 원하는지를 알아야 한다. 그 돈으로 무엇을 언제, 어디서, 누구와 할 것인지 정확한 목표를 세워야 한다. 정확한 목표를 정하지 않으면 계획을 세울 수 없다. 계획이 없으면 결단할 수 없으며, 결단할 수 없으면 행동할 수 없다. 일단 큰 목표를 세워라. 그리고 항상 볼 수 있는 곳곳에 목표를 적어 두라.

100억 부자가 되고 싶다면 100억 부자를 목표로 세워라. 그런 다음에는 세부적인 목표를 또 만들어라. 100억 부자가 되겠다는 목표만 가지면 너무 멀어 보이기 때문에 포기하기 쉽다. 10년 동안 100억 부자가 되겠다. 5년 동안 50억 부자가 되겠다. 1년, 1개월, 1주일 단위로 주기를 나눠 정확한 금액을 목표로 세워라.

그리고 그 돈으로 무엇을 할 것인지도 생각하라. '1주일에 30만 원을 모으겠다. 그리고 이 돈으로 가족 선물을 사겠다' 하고 목표를 잡고 실천해보라. 성공하면 '나도 할 수 있다'는 자신감이 생긴다. 그렇게 1년, 2년, 5년, 10년 해나갈 수 있다.

당신이 어떤 과정을 통해
부자가 될지는 아무도 모른다

"생각을 먼저 지배하는 것은 우리지만, 그다음에는 생각이 우리를 지배한다. 우리는 자신이 보는 것을 믿는 것이 아니라 믿는 것을 보는 것이다. 어떤 일을 하든 믿음만큼 성공한다. 생각이 우리의 태도와 행동을 결정하고 그것들은 다시 성공과 실패를 결정한다."

브라이언 트레이시

동료1 _ 진화야. 오늘 우리 퇴근하고 다 함께 쇼핑 갔다가 맛있는 거 먹으러 가기로 했는데 같이 갈래?

진화 _ 누구누구 가는데? 어디로 가려고?

동료1 _ OO 백화점 가려고. 거기 푸드코트에 메뉴도 많고 맛있는 것도 많잖아. 너 저번에 옷 산다고 했었지. 내가 골라줄게. 같이 가자.

진화 _ 옷? 필요하긴 한데… 아니야. 이번에는 너네끼리 갔다와. 나는 다음에 살게.

동료1 _ 왜? 네가 좋아하는 브랜드 세일하던데.

진화 _ 괜찮아. 몇 달은 돈 좀 모으려고.

동료1 _ 돈? 어디에 쓰려고? 잠깐 이게 뭐야! 책상에 뭐라고 적어 놓은 거야?

나는 미국 로스앤젤레스 H호텔에서 상쾌한 아침을 맞이하고, 조식을 먹는다. 너무 맛있고 행복하고 감사하다.

대박. 너 미국 여행 가려고? 그래서 돈 모으는 거야? 동남아도 아니고 미국 가려면 돈 많이 필요할 텐데… 이거 아낀다고 되겠어? 그리고 우리가 미국 갈 만큼 오랫동안 휴가 내기도 힘들잖아.

진화 _ 일단 가는 것을 목표로 내가 할 수 있는 건 다 해보려고.

동료1 _ 알았어. 진짜 같이 안 갈 거지? 우리끼리 쇼핑하고 너 좋아하는 패밀리레스토랑 갔다온다?

진화 _ 패밀리레스토랑? 으음… 아니야, 아니야. 갔다 와. 미국 가려면 살을 더 빼야 해.

플루토스 오~ 의지가 확실하군!

진화 당연하죠. 목표를 써놓고 자신이 노력하지 않으면 뭐하나요? 말짱 도루묵이죠.

플루토스 오~ 그런 것도 알아?

진화 제가 고등학교 때는 반에서 1등도 해봤고, 대학도 나름 과수석으로 합격했다고요. 그게 노력 없이 됐겠어요? 원하는 게 있으면 노력은 기본이죠. 제가 할 수 있는 선에서 최선을 다 하고 그다음 10% 운에 맡겨야죠.

플루토스 고등학교 때 1등 했다는 얘기랑 대학 과수석 얘기는 꼭 이럴 때마다 하더라. 여하튼 네 말이 맞아. **목표를 세우고 노력하는 사람에게 운이 따라오지. 그리고 목표를 이루는 과정을 기쁘게 즐기는 사람만이 목표를 이룰 수 있지.**

진화 과정을 기쁘게 즐기는 사람이요?

플루토스 지금 미국을 가기 위해 돈을 아끼고 있잖아. 원하는 옷도 못 사고, 다이어트도 한다고 좋아하는 패밀리레스토랑도 못 가고. 근데 어때?

진화 제가 미국에만 갈 수 있다면 행복하죠.

플루토스 너는 그 과정 또한 기쁘게 받아들이고 있는 거야. 하지만 여행을 가기 위해 돈을 모으기로 했는데 쓰고 싶은 대로 못 쓴다고 짜증내거나 기분이 좋지 않다면 그 목표는 이루어지지 않을 거야. 분명 '내가 여행 가려고 뭐 하는 거야. 안 가고 말지. 꼭 이렇게까지 하면서 가야 하나?'라고 생각할 게 빤하니까. 여행을 보내주려는 우주가 '여행을 꼭 갈 필요는 없다'고 주문을 바꾸는 거지.

진화 항상 기쁘고 즐거워하면 되겠네요. 하하하하. 나는 미국에 있다. 하하하하

진화 _ 어? 동생한테 전화가 왔네.

동생 _ 언니. 이번 달 생활비가 부족한데 돈 좀 보내줄 수 있어?

진화 _ 그래? 얼마?

동생 _ 200만 원 정도? 여기 뉴질랜드는 월세랑 물가가 너무 비싸. 이번 달에 학교에서 공부만 하느라 알바를 많이 못했더니 돈이 모자라네. 어떻게 하지?

진화 _ 아! 거기가 많이 비싸긴 하지. 내가 보내줄게. 언제까지 보내주면 돼?

동생 _ 최대한 빠르면 좋지.

진화 _ 알았어. 바로 보내줄게.

동생 _ 고마워. 나중에 방학 때 알바하면 갚을게.

진화 _ 그런 말 안 해도 돼. 공부 열심히 하고… 돈 보내면 다시 연락할게.

진화　이번 미국 여행은 포기해야겠네.

플루토스　엥? 포기한다고? 무슨 말이야? 아까 즐겁게 준비하기로 했잖아.

진화　동생이 지금 돈이 급하대요. 여행이야 언젠가 가면 되죠.

플루토스　네가 목표를 포기하는 순간 이루어지지 않아.

진화　어차피 이루어질 수 없는데요 뭐.

플루토스　**그건 모르지. 어떤 과정을 통해서 이루어질지는 아무도 몰라. 더구나 네가 착한 일을 했으니까.**

진화   과정이요? 제가 돈을 못 모으면 못 가는 거 아닌가요?

플루토스   그건 네 생각이지. 네가 할 수 있는 행동을 하면서 이루어
졌다고 믿고 기다리면 돼.

진화   갑자기 돈 생길 곳도 없는데 뭘 기다려요?

플루토스   **그 방법을 넌 '돈'으로만 생각하는 거야. 우주가 어떤 방법
으로 그것을 이루어줄지 아무도 모른다고.** 이런 이야기가
있지. 한 사람이 물에 빠졌어. "하느님, 부처님, 우주신,
알라신이여 제발 저를 살려주세요. 저를 구해줄 사람을 보
내주세요. 누구 없나요? 살려주세요!" 외쳤지. 하지만 아
무도 오지 않아서 그 사람은 하늘나라로 갔어. 그리고 신
에게 따져 물었지. "왜 저를 살려주시지 않았나요?" 그랬
더니 그 신은 뭐라고 했는지 알아?

진화   글쎄요. 뭐라고 했는데요?

플루토스   "너를 살려주기 위해 나무 조각을 보냈지. 네가 나무 조각
을 보지 못해서 튜브를 보냈지. 튜브도 보지 못해서 타이
어까지 보냈단다."

진화   그 사람은 사람이 와서 자신을 구해줄 것이라 생각해서 사
람만 눈에 보였던 거군요.

플루토스   그래. 그 사람의 진짜 소원은 목숨을 구하는 것이 목표였잖
아. 그럼 목숨을 구하는 것만 생각했더라면 살았을 것이야.

진화   사람이 와서 살려주는 것만 살 수 있다고 생각했던 게 문

제였네요.

플루토스 그래. 소원은 어떻게든 이루어진다니까. 사람들은 자기만의 방식으로 '어떻게' 해야 이루어질 것인가를 계산하지. 물론 그 방법으로 이루어질 수도 있지. 하지만 그 방법이 아닌 다른 방법으로도 이루어질 수 있다는 이야기야. 사람들은 자신의 방법대로 과정이 되고 있지 않으면 '역시 소원 같은 건 이루어지지 않아. 꿈같은 건 꿀 필요가 없어'라고 생각하지. 그런데 우리가 생각하는 '어떻게'라는 그 방법은 어떻게 나타난 것일까?

진화 우리가 살아오면서 경험한 것이나 누군가에게 이야기를 들었거나, TV나 유튜브에서 정보를 얻거나… 그렇지 않을까요?

플루토스 그래. 우리는 우물 안의 개구리야. 갇힌 개미일 뿐이라고.

진화 개구리요? 개미요? 제가 혹시… 전생에 개구리? 개미?

플루토스 이 바보야. 그게 아니라 우리가 생각하는 그 방법이 한계에 갇혀 있다는 뜻이야. 바닥에 있는 개미들을 봐봐. 먹이를 짊어지고 열심히 자기 집을 찾아가고 있지. 그런데 위에서 보면 이 길이 더 빠를 것 같은데 다른 길로 돌아가고 있잖아. 우리가 보면 지름길도 보이잖아. 더 좋은 방법이 보이잖아. 그런데 개미들은 자기가 갔던 길로만 항상 가지. 우리가 원하는 것을 이룰 때도 마찬가지야. 우주에서

보기에는 더 좋은 방법과 다양한 방법들이 계획되어 있는
데 자신이 알고 있는 방법으로만 이루려 하지.

진화 물에 빠진 사람을 구해주려는 신이 여러 방법으로 살려주
려 했는데 사람만 찾던 그 사람과 같다는 거죠?

플루토스 그래. **어떠한 상황도, 생각지 못한 일도, 이해하지 못하는 나
쁜 사건도 지나고 보면 그 목표를 이루기 위한 과정이라고.**

진화 그렇다면 저도 미국 여행을 지금 포기하면 안 되는 거네요?

플루토스 당연하지. 포기하지 않으면 미국 여행도 가고 부자도 되
지. 지금 이루어가는 과정일 뿐이라고.

－한 달 뒤－

김 과장 _ 이번에 내가 해외로 출장 가는 일정이 잡혔는데 중요
한 가족 행사가 있어서 가지 못하게 됐어. 진화씨가 갔다 와주
면 좋겠는데… 해외로 갔다 올 수 있겠어? 아이가 있어서 힘
들겠지?

진화 _ 어디로 얼마나 갔다 와야 하는데요? 중요한 일이면 제가
가야죠.

김 과장 _ 로스앤젤레스로 열흘 동안 가야 하는데, 너무 멀고 기
간이 길지? 할 일은, 거래 업체만 만나고 오면 되니까 어렵지
는 않아. 나머지 시간은 자유롭게 여행하면 돼.

진화 _ *어멋! 진짜요?*

김 과장 _ *왜 그렇게 놀래? 너무 멀어서 그렇지? 다른 사람한테 부탁하려 했는데 저번에 진화씨가 회사 돈 아깝다고 기차 타고 친구 집 가는 거 보고 회사에서도 진화씨라면 이 일을 믿고 맡길 수 있겠다 싶더라고.*

진화 _ *저야 너무 감사하죠. 로스앤젤레스 다시 꼭 가보고 싶었거든요.*

김 과장 _ *그래? 잘됐네. 하루에 한 시간만 미팅하면 되니까 어렵지는 않을 거야.*

진화 우와! 진짜 이루어졌다! 미국 간다!

플루토스 거봐. 어떻게 이루어질지 모른다니까. 그것도 공짜로 가는 거잖아.

당신이 100억 부자를 목표로 삼았다면 지금 이루어가고 있는 중이다. 확실하다. 다만, 어떠한 방법으로 언제 이루어질지 모른다. 지금 우리가 할 수 있는 일을, 노력을 하고 있으면 된다. 내가 원하지 않는 일이 일어나거나, 내가 생각했던 방식이 아닐지라도 절대 불평 불만해서는 안 된다. 그냥 그것 또한 잘 되기 위한 과정 중이다.

갑자기 회사에서 잘렸는가? 부자가 되려면 회사를 다니면 안 되기 때문에 해고를 당한 것이다. 투자에서 실패했는가? 그 투자 방법으로는 부자가 되지 못하기 때문에 실패한 것이다. 모든 것에는 이유가 있다. 그냥 목표를 향해 가고 있다고만 믿으면 된다.

은행에도 이자가 붙듯이
기다린 만큼 보상이 온다

"단지 성취에 걸리는 시간 때문에 꿈을 포기하지는 말라. 시간이란 어차피 지나가게 되어 있다."

스티브 존슨

강남으로 이사를 한 현영이네 집에 집들이를 갔다.

현영 _ 멀리서 와줘서 너무 고마워. 아직 이사 정리가 다 안 돼서 집이 어수선하네. 미국은 잘 갔다 왔지?

진화 _ 응. 근데 집 진짜 넓다. 새집이라 엄청 깔끔하다. 위치도 지하철 바로 앞이네. 오다 보니까 단지도 크고 물놀이터도 있네. 애들이 엄청 좋아하겠다. 1층에 차도 안 다녀서 안전하고.

현영 _ 신축이 좋긴 좋더라. 여기 커뮤니티 시설에 수영장도 있고 북카페, 헬스장, 골프장, 사우나도 있어.

진화 _ 진짜? 세상에 이런 아파트가 다 있다고? 아파트 안에서

모든 게 해결되네. 운동하고 사우나하고 바로 집에 올 수 있겠
네. 난 집 근처 헬스장에서 운동하고 샤워하고 오면서 비 맞고
집에 와서 또 샤워한 적이 한두 번이 아닌데.

현영 _ 내가 점심 준비했으니까 일단 밥부터 먹자.

진화 _ 와 맛있겠다. 잘 먹을게.

플루토스	오늘 집들이 간다더니 잘 갔다 왔어?
진화	잘 갔다 왔으니까 집에 왔겠죠.
플루토스	좋은 동네, 좋은 집 구경하고 왔으면 새로운 목표를 써서 붙이고 무엇을 할지 계획하고 아자아자! 해야지 왜 또 그러고 있어?
진화	로또 번호 언제 알려주는 건가요? 미션 다 하면 알려준다면서요. 아직도 미션이 남았나요?
플루토스	갑자기 로또 번호는 왜?
진화	기다리기 힘들어서요. 저도 빨리 돈 걱정 없이 살고 싶고, 부자 되고 싶다고요.
플루토스	지금 부자가 되고 있는 중이잖아. 지금까지 잘 해왔잖아.
진화	언제까지 기다려야 하나요?
플루토스	때가 되면 이루어지겠지. 갑자기 미국에 간 것처럼 말이야.
진화	미국 가는 소원이 빨리 이루어진 것처럼 부자 되는 것도 빨리 이루어질 수는 없나요? 왜 누구는 빨리 되고, 누구는

늦게 되는 건가요?

플루토스 **최고의 방법으로, 최고의 때에 이루어지게 하려는 우주의**
계획이지.

진화 그것도 우주의 계획인가요?

플루토스 **사람들은 빨리 성공하려 하고, 빨리 부자가 되기를 원하**
지. 하지만 우주는 네 인생 전체를 보기 때문에 언제가 가
장 좋은 시기인지 알고 있지. 꽃을 키운다고 생각해봐. 씨
앗을 뿌리고, 물을 주고, 햇빛을 받게 하고, 잘 자라는지
확인하고 이 모든 과정들이 이루어져야 꽃이 피는 거야.
씨앗을 뿌렸다고 바로 꽃이 자라지 않잖아.

진화 기다림의 인내가 필요하구나.

플루토스 아이를 낳았어. 아이에게 우유를 주고 재워주고 옷을 입혀
주고, 기저귀를 갈아주고, 사랑을 줘야 잘 자랄 수 있지.
자라면서 어린이집도 가고, 유치원도 가고, 초등학교, 중
학교, 고등학교를 가야 성인이 된다고. 태어나자마자 바로
20살이 될 수는 없잖아. 라면을 먹을 때도 어때? 물을 냄
비에 넣고 펄펄 끓인 후 라면과 스프를 넣고 면이 익을 때
까지 기다려야지. 그래야 맛있게 먹을 수 있어. 물이 끓지
않으면 절대 라면이 익지 않잖아. 미국에 갈 때 어떻게 갔
지? 비행기를 타고 적어도 12시간을 가야 도착하지. 순간
이동을 하지 않는 이상 1초 만에 도착할 수는 없다고. **모**

든 것이 이루어지기 위해서는 시간이 필요해.

진화   기다림이 필요하군요. 배고플 때 음식 나오는 그 기다림이 제일 힘든 줄 알았더니… 그 기다림은 일도 아니었네요.

플루토스   **기다리는 동안 사람들은 '나는 부자가 되지 못하는 건가봐', '나는 틀렸어'라는 생각을 한다고.** 아이가 태어나자마자 바로 20살이 되었으면 좋겠다고 생각하면 영원히 아이를 키울 수 없잖아. 꽃을 키운다고 하고선 꽃이 자라는 과정을 기다릴 수 없으면 영원히 꽃을 키울 수 없어. 부자도 마찬가지야. 부자가 되어가고 있는 과정인데 '난 더 이상 기다릴 수 없어'라고 한다면 영원히 부자가 될 수 없는 거지.

진화   저는 그냥 기다리기만 하면 되는 건가요?

플루토스   **부자가 되는 것을 100% 믿기만 한다면 기다리기만 하면 돼. 기다리면 기다릴수록 더 큰 보상이 올 거야.**

진화   기다릴수록 큰 보상이 온다고요?

플루토스   어떤 사람은 '올해까지 차를 살 것이다' 계획을 세우고 차를 사기 위한 준비를 열심히 했지. 하지만 올해 차를 사지 못했어. 너라면 어떻게 생각했을까?

진화   소원 따위는 이루어지지 않는구나.

플루토스   아냐, 아니라고. 우주는 더 좋은 차를 더 멋지게, 최고의 타이밍에 선물을 주려 하고 있지. 가수를 꿈꾸는 사람이 있어. '올해는 오디션에 합격할 거야' 하면서 열심히 준비했지만 오디션에 또 떨어졌어. 하지만 더 큰 오디션이나 더 좋은 기회, 무대로 가수가 되게 하려고 우주가 준비하고 있다고.

진화 오~ 이번에 오디션 프로그램에서 그런 출연자가 있었어요. 저도 투표했어요. 23년 동안 무명생활을 하다가 이번에 1등을 해서 상금 3억 원을 탔다니까요. 실력이 엄청 좋은데 왜 23년 동안 무명이었는지 이해가 안 가더라고요. 꿈을 이루고자 하는 기간이 꽉 차면 진짜 더 큰 보상으로 이루어지는 게 맞나봐요.

플루토스 맞아. **오히려 소원을 바랐던 기간이 지나면 우리는 '아싸! 더 큰 것이 기다리고 있다'라고 생각해야 돼.**

진화 은행에 돈을 오래 넣어 놓을수록 이자가 붙는 거나 마찬가지네요.

플루토스 이자 중에서도 복리이자지.

진화 복리이자요?

플루토스 내가 무슨 자산관리사냐? 은행 상담사냐? 이런 것까지 설명하게.

진화 말을 꺼냈으면 끝까지 다 해야지요.

플루토스 아이쿠! 네가 은행에 100만 원을 넣어놨어. 이자율이 1년에 10%라고 하면 1년 뒤에 이자 10만 원을 더한 110만 원을 받을 수 있지. 그다음해는 110만 원에 대한 10% 121만 원을 받을 수 있잖아. 이렇게 늦게 돈을 찾는 만큼 원금과 이자가 합해지니까 받는 돈이 점점 더 커지는 거야.

진화 에이~ 그 정도는 저도 알죠. 하하하.

플루토스 그렇기 때문에 어떤 일이 일어나도 실망할 필요 없어. 실망은 기대할 때 일어나지. 기대하지 않으면 실망도 하지 않아. 반면 기대가 클수록 실망도 크지. 크게 기대하고 크게 실망하고 크게 포기하지. 내가 원하는 것이 빨리 이루어질 것을 기대했다가 얻지 못하면 실패한 것처럼 느껴지거든. 하지만 될 것이라는 믿음만 굳건하면 나중에 실패가 아닌 더 큰 성공이었다는 것을 알게 되는 날이 올 거야.

진화 이건 진짜 기다렸다가 소원을 이룬 사람만 알 것 같은데요. 기다리지 못하고 더 큰 보상을 받지 못한 사람은 모를 것 같아요.

플루토스 너도 그런 경험을 한 적 있잖아.

진화 제가요?

플루토스 고등학교 때 대회에서 상을 타지 못했다며. 너는 대회에서 1등을 하고 싶어서 항상 소원을 빌었지. 하지만 매번 대회마다 떨어졌고 좌절했지. 그럼에도 넌 포기하지 않고 열심히 연습했고 네가 소원했던 것들이 한번에 빵! 터졌잖아. 원하는 대학에 과수석 입학으로. 고등학교 3년이라는 시간 동안 복리이자가 붙어 네 소원이 더 크게 이루어진 거지. 생각해봐. 매번 대회에서 1등을 했어. 하지만 대학에 떨어졌어. 어때?

진화   당연히 기다렸다가 대학에 합격하는 게 더 좋죠.

플루토스   그래. 우주는 너에게 딱 맞는 시기에 소원을 이루어주려고 계획하고 있었지. 네가 그때 가야금을 포기했었다면 넌 다른 인생을 살고 있었겠지.

진화   진짜 저도 그걸 경험했었네요. 깜빡 잊고 있었어요.

플루토스   누구나 한번쯤은 그런 경험이 있을 거야. **다만 소원이 이루어지면 '소원이 이루어졌다'고만 생각할 뿐 기다린 과정은 생각하지 않지. 그 과정을 생각한다면 다음 소원도 기다릴 수 있을 텐데 말이야.**

진화   저 부자 천천히 될래요. 그래서 더 큰 부자가 될게요. 너무 기대돼요. 어떤 부자가 될지… 하느님, 부처님, 우주님, 알라신이여 저를 천천히 부자가 되게 해주셔도 됩니다. 단, 복리이자로 잘 부탁드립니다.

원하는 것이 아직 이루어지지 않았는가? 혹시 실패했다고 생각해서 포기했는가? 다시 목표를 잡고 계획을 세워라. 늦게 이루어지는 만큼 소원에 복리이자가 붙고 있다. 우리는 그냥 기다리면 된다. 단, 중간에 부정적 생각과 말을 해서는 안 된다.

'나는 안 되는구나'라고 생각하는 순간 소원은 말할 것도 없고,

그동안 붙었던 복리이자까지 다 물거품이 된다. 믿으면 된다. 기다렸다가 더 받는 것이 낫지 않은가. 지금 잘 가고 있다. 그 과정을 즐기기만 하면 된다.

세상의 모든 것에
감사해야 한다

"다른 면에서는 모두 바르게 살아가는 수많은 사람들이 감사함을 느끼지 않아서 가난에 허덕인다."

월러스 워틀스

"나는 닭다리처럼 생긴 이 발을 가진 것에 대해 감사해요. 하루는 제가 혼자 물 미끄럼틀을 타는데 밑에 있는 다른 친구들이 내려오길 기다리고 있었죠. 근데 제가 내려오니까 다들 소스라치게 놀라는 거예요. 그래서 저도 제 자신을 보면서 '무슨 일 생겼나?' 하며 놀랐죠. 저도 제 스스로를 보면서 '이건 할 수 없어, 저것도 할 수 없어'라고 생각하던 적이 있어요. 우리가 계속해서 있었으면 하는 것들이나 없었으면 하는 것들을 바라보면 내가 가진 것들에 대해 잊기 시작합니다.

그리고 내 인생에서 '팔다리가 있었으면' 되뇌는 것은 인생에 아무런 도움을 주지 못했죠. 내가 인생에서 깨달은 두 가지 원리가 있어요. 첫째는 '감사하라'는 거예요. 감사하다는 건 참 힘든 거예요. 내가 8살 때 내 인생을 한번 상상해본 적이 있어요. '나는 절대 결혼할 수 없을 거야', '나는 직장도 못 구할 거야', '내게는 제대로 된 인생이나 목적이 없어.'

여러분이 능력이 안 된다는 것은 거짓말이에요. 여러분이 아무런 가치도 없다는 생각은 거짓이에요. 저는 제 인생을 사랑합니다."

진화 엉엉…엉엉…

플루토스 왜 그렇게 목 놓아 울고 있어?

진화 이 영상 너무 감동적이에요. 엉엉…엉엉…

플루토스 누군데?

진화 '닉 부이치치'라고 태어날 때부터 양쪽 팔다리가 없었대요. 저라면 이분처럼 살아갈 수 있었을지, 이런 강연을 할 수 있었을지, 저 상황에서도 감사할 수 있었을지… 그런 생각이 들어요. 나는 작은 일에도 불평, 불만을 하고, 누군가를 원망하고, 화를 내는데, '우리가 계속해서 있었으면 하는 것들이나 없었으면 하는 것들을 바라보면 내가 가진 것들에 대해 잊기 시작합니다'라는 말이 너무 감동적이에요. 제 자신이 너무 부끄러워요.

플루토스 세상에서 가장 큰 힘은 '감사함'이지. 감사는 사람을 가장 따뜻하게 해주며, 위대하게 해주지. 모든 것을 가질 수 있게 해주고, 풍요롭게 해주고, 자만하지 않게 해주며, 겸손하게 해주지. 실패를 기회로 만들어주고, 할 수 있는 용기를 주지.

진화 '감사'가 그렇게 큰 힘을 가지고 있었다고요? '닉 부이치치'를 보니 진짜 그런 것 같네요. 누가 저분 앞에서 '힘들다, 어렵다, 가진 것이 없다, 세상이 불공평하다, 다 필요 없다'라고 감히 말할 수 있겠어요.

플루토스 감사, 하면 '헬렌 켈러'가 있지.

진화 헬렌 켈러요? 어릴 때 위인전에서 봤어요. 그분은 시각, 청각, 언어 장애로 3중고를 겪으신 분이잖아요.

플루토스 그분이 이런 말씀을 하셨지.

"내가 만약 3일 동안만 볼 수 있다면,
첫날에는 나를 가르쳐준 설리번 선생님을 찾아가 그분의 얼굴을 바라보겠습니다. 그리고 산으로 가서 아름다운 꽃과 풀, 빛나는 노을을 보고 싶습니다.
둘째 날엔 새벽에 일찍 일어나 먼동이 터오는 모습을 보고 싶습니다. 저녁에는 영롱하게 빛나는 하늘의 별을 보겠습니다.
셋째 날엔 아침 일찍 큰길로 나가 부지런히 출근하는 사람들의 활기찬 표정을 보고 싶습니다. 점심때는 아름다운

영화를 보고, 저녁에는 화려한 네온사인과 쇼윈도우의 상품들을 구경하고 집에 돌아와, 3일 동안 눈을 뜨게 해주신 하나님께 감사의 기도를 드리고 싶습니다."

진화 으아아앙… 너무 감동적이잖아! 오늘 왜 이렇게 저를 울리는 거예요? 얼마나 눈을 뜨고 싶었으면 '3일만 볼 수 있다면'이라는 생각을 했을까요. 그분들 앞에 제 자신이 너무 부끄럽네요. 처음엔 얼마나 절망적이었을까요? 그들의 잘못으로 장애를 얻은 것도 아닌데 말이에요. 너무 억울할 것 같아요.

플루토스 맞아. 하지만 그들은 평범한 사람들보다 더 멋진 인생을 살았고, 살고 있지. 그들처럼 인생을 바꿀 수 있는 가장 확실한 방법은 무엇일까?

진화 감사!

플루토스 **맞아. 그분들은 이 세상 모든 것에 감사하기로 했지.**

진화 저는… 감사할 일이 생길 때만 감사했었는데… 아니면 불평, 불만하거나.

플루토스 지금부터 세상의 모든 것에 감사하는 훈련을 해보는 거야.

진화 훈련이요? 감사도 훈련한다고 되나요?

플루토스 **지금의 자기 자신은 '감사함'이 모여서 만들어진 거야. 내 옆에 있는 사람들, 일, 물건들, 심지어 돈까지도 모든 게**

'감사함'이 모여서 이루어진 것이라고. 내 옆에 좋은 사람들이 많거나 돈 많은 사람들이나 성공한 사람들을 봐봐. 그들이 가장 많이 하는 말이 '감사합니다'야. 너도 오늘부터 '감사합니다'를 하루 종일 외치고 다니는 거야.

진화   하루 종일이요?

플루토스 아침에 일어나면 너 항상 하는 말 있지?

진화   아~ 오늘도 출근해야 되네… 가기 싫다.

플루토스 이제 그 말 대신 '감사합니다'라고 하는 거야. 아침에 일어나면 '아침을 맞이할 수 있게 해주셔서 감사합니다', 세수할 때도 '눈을 뜨게 해주셔서 감사합니다', 이를 닦을 때도 '이를 튼튼하게 해주셔서 감사합니다. 고기를 많이 씹게 해주셔서 감사합니다', 출근할 때도…

진화   '지하철과 버스로 편하게 이동할 수 있게 해주셔서 감사합니다', 회사에 도착하면 '좋은 직장에 다닐 수 있게 해주셔서 감사합니다' 이렇게 하루 종일 생각하고 말하라는 거죠?

플루토스 그렇지. '감사합니다'를 많이 할수록 감사할 일이 더 많이 생기지. 덧붙여 무엇이 감사한지 이유까지 말하면 더 효과가 크지. 내가 누리고 있는 것들, 가지고 있는 것들을 다시 한번 생각할 수 있으니까.

진화   점심시간에 제가 좋아하는 반찬이 안 나와도요?

플루토스 어휴, 그걸 말이라고 하냐! 언제 철들래? 먹고 싶어도 못 먹는 아이들 생각 좀 해라. 그러니까 무조건 '감사합니다' 라고 말해야 돼. 아니면 너처럼 반찬이나 투정하고, 모든 일에 불평한다니까. '감사합니다'라고 생각하지 않으면 '불평합니다'라고 생각하게 돼. 동전에 앞, 뒷면이 있고, 책도 앞, 뒷면이 있듯이 우리의 생각도 앞, 뒷면이 있어. '감사합니다' 아니면 '불평합니다'라고. 우리 뇌는 둘 중 하나밖에 선택되지 않아.

진화 아 네네… '오늘도 맛있는 식사를 주셔서 감사합니다. 제가 좋아하는 소시지볶음 주시면 더 감사하겠습니다.'

플루토스 못 말려… 돈을 쓸 때도 '이 돈으로 OO를 하게 해주셔서 감사합니다.'

진화 돈을 쓸 때도요?

플루토스 당연하지. 돈에게도 감사하다고 해야지. 돈 덕분에 너는 원하는 것들을 살 수 있잖아. 사람들은 원하는 것을 얻거나 이루었을 때 감사하지 못하기 때문에 더 받을 수 있는 것들을 받지 못해. 나는 그것이 안타까워. 원하는 것을 얻었을 때도 감사하지 못하는데, 자신이 원하는 방법대로, 원하는 시간에 이루어지지 않은 것에 대해 어떻게 감사함을 느끼겠어. 우주가 최고의 방법과 최고의 타이밍에 소원을 이루어주려 해도 거부하는 건 우주가 아니라 자기 자신이라고.

진화　　그냥 '감사합니다'만 하면 되겠네요.

플루토스　이 비밀은 안 알려주려 했는데, 갑자기 네가 울고불고 하는 바람에…

진화　　안 알려주려 했다고요? 이게 그 정도로 강력한 비밀이란 말이에요? 감사가?

플루토스　그렇다니까. 돌부리에 걸려 넘어져서 무릎이 까져도.

진화　　'하하하. 조금 많이 아프지만 이 정도면 약 바르면 됩니다. 정말 감사합니다' 하라는 거죠?

플루토스　길을 가다가 누군가 어깨를 세게 쳤어.

진화　　'하하하 제 덩치가 좀 크죠? 살을 빼겠습니다. 알려주셔서 감사합니다.'

플루토스　누가 바나나를 버리고 가서 미끄러졌어.

진화　　아, 진짜 누가 바나나를! '하하하 설마 어른이 버린 건 아니겠죠. 아이들이 그럴 수도 있죠. 다음 사람이 미끄러지지 않게 하기 위해 버려드리겠습니다. 감사합니다.'

플루토스　율아가 과자와 우유를 쏟아도, 숙제를 안 해도, 사장님한테 혼나도, 직장 동료가 열 받게 해도, 누가 돈을 빌려가서 안 갚아도, 돈이 없어도…

진화　　'율아야. 엄마 허리 운동하라고 우유를 흘렸구나. 고마워', '사장님 부족한 저를 가르쳐주시고, 혼내주셔서 감사합니다', '나에게 더 많은 돈이 들어오게 하려고 네가 돈을 갚지

않는구나. 정말 고마워', '기다린 만큼 부자가 된다고 했지? 돈아 고마워.'

플루토스 그래. 그거야. 무조건 '감사합니다'라고 말하면 돼.

진화 '감사합니다'만 했는데 이미 제가 다 가진 것만 같아요. 부자가 된 것 같은데요. '닉 부이치치'와 '헬렌 켈러'가 장애를 가졌지만 마음만큼은 얼마나 풍요로웠는지 조금씩 이해가 가고 있어요.

플루토스 당연하지. 너는 이미 부자야. 사람들은 돈만 많으면 행복할 것이라고 생각하잖아. 하지만 돈이 많아도 불행한 사람들도 있어. 그건 가지고 있는 것에 감사하지 못하기 때문이야. 돈이라는 건 100만 원을 가지면 1000만 원을 갖고 싶고, 1000만 원을 가지면 1억을 갖고 싶은 게 사람 마음이야. 돈을 더 갖고 싶은 게 나쁜 게 아니야. 내가 가진 돈이 많든, 적든 감사할 줄 모르면 돈이 많아도 행복할 수 없어.

진화 로또 번호는 안 가르쳐주셔도 될 것 같네요. 저는 이미 부자인 걸요.

내가 '감사합니다'라고 말하지 않는 것은 '불평합니다'라고 말하는 것과 같다. 채워도 채워지지 않는다면, 더 많이 가져도 부족한 것 같다면 감사함을 느끼지 못하기 때문이다.

지금 이 책을 읽고 있는 이 순간에도 '감사합니다'를 외쳐라. 당신을 둘러싼 모든 공간, 일, 사람, 물건, 돈에 대해 소중한 마음을 가져라. 기적은 일어날 것이다.

모든 사람은
부자가 되기 위해 태어난 것이다

"부자가 되고자 하는 것은 조금도 잘못된 것이 아니다. 부자가 되고자 한다는 것은 좀 더 부유하고 좀 더 충만하고 좀 더 풍요로운 삶을 살고자 하는 것이기 때문에 오히려 칭찬 받을 일이다. 좀 더 풍요롭게 살고자 하는 욕망이 없는 사람이 비정상적이다. 즉 필요한 모든 것을 사기에 충분한 돈을 갖고 싶어 하지 않는 사람은 비정상적인 것이다."

월러스 위틀스

플루토스　진짜 로또 번호 안 알려줘도 돼?

진화　네. 가르쳐주신 대로만 하면 부자가 되는 건 아무 문제가 없어요.

플루토스　사실 처음부터 너에게 알려줄 로또 번호 같은 것은 없었어.

진화　뭐라고요? '이런… 내가 당한 건가? 혹시 사기꾼? 지금까지 알려준 것도 다 엉터리 아냐? 이래 놓고 나한테 돈 달라는 거 아니겠지?'

플루토스　너 지금 내가 사기꾼인가 의심하고 있지? 내가 알려준 것들이 다 헛소리였나? 싶은 거지?

진화　아니 뭐… 꼭 그런 건 아니고, 다 맞는 말 같은데 로또 번호 같은 건 없다니까.

플루토스 이제껏 잘 해왔잖아. 지금처럼 하면 돼. 내가 했던 이야기 말고는 이제 다른 이야기들은 듣지도 말고 믿지도 마.

진화 엥? 로또 번호 알려준다고 하고서는… 그런 건 없었다고 하면서 어떻게 당신을 믿어요? '보통 자기만 믿고 따라오라 하는 사람들이 사기꾼이던데.'

플루토스 어차피 내가 알려주지 않아도 너는 부자가 되게 되어 있거든. 왜냐하면 모든 사람들은 부자가 되기 위해 태어났으니까.

진화 부자가 되기 위해 태어났다고요? 그런 얘기는 처음 들어 보는데.

플루토스 처음 들어보겠지. 부자를 욕하고, 가지지 않은 자들을 칭찬하고, 돈을 좋아하면 속물이라 비웃고, 무소유를 강조하는 세상이니 말이야. **부자가 되고 싶어 하는 것은 인간의 본능이야. 먹고, 자고, 싸는 것만 본능이 아니라고. 돈을 좋아하지 말고, 부자가 되지 말라고 하는 건 본능을 억누르고 우주를 무시하는 거야.** 생각해봐. 너는 왜 돈을 갖고 싶지? 왜 부자가 되고 싶지?

진화 그거야 돈이 많으면 고민이 없어지죠. 하고 싶은 것을 마음대로 할 수 있고, 사고 싶은 것을 살 수 있겠죠. 레스토랑에 가면 돈 걱정 없이 먹고 싶은 메뉴를 시키고, 시간 여유도 많아지고, 가족과 함께 여행도 가고, 여행을 가면 좋은 호텔에 묵고, 제일 맛있는 음식도 먹을 수 있죠. 친구들이나 가족에게 맛있는 식사를 사주고, 선물도 자주 사주고요. 아이를 낳고 보니 어려운 아이들이나 아픈 사람들에게 기부나 도움도 주고요. 이 모든 것들을 고민 없이 할 수 있는 거죠.

플루토스 근데 왜 사람들은 그것을 나쁘다고 말하지? 그건 본능이잖아. 내 가족에게 좋은 선물을 사주고 싶고, 함께 외식하고, 여행을 가고 싶고… 원하지만 원하는 것을 하지 못하니까 스트레스가 쌓이고, 가족과 싸우고, 친구와 절교하고, 사랑하는 사람과 헤어지고.

진화 아! 스트레스, 싸움, 절교, 헤어짐.

플루토스 일, 고민, 스트레스의 원인이 90%는 돈 때문이야. 사람들이 지닌 90%의 문제는 돈 때문인데 돈이 아닌 다른 방식으로 해결하려 해. 돈 문제는 돈으로 해결해야지. '돈이 먼저가 아니다', '돈이 전부가 아니다', '돈보다 중요한 것이 많다' 말하지. 하지만 사람들은 거꾸로 알고 있어. 돈이 먼저야. 돈이 있어야 의, 식, 주를 해결할 수 있고, 지금 머릿속에 있는 문제들도 돈이 있어야 해결할 수 있다고! 왜냐하면 먹고, 자고, 싸는 것도 다 돈이 있어야 가능한 거니까.

진화 친구들을 만나거나 회식자리에 가면 '돈이 중요하지 않다, 사랑이 먼저다, 아니다 건강이 먼저다, 그건 또 아니다, 일이 먼저다, 행복이 먼저다' 하면서 자신이 말하는 게 제일 중요하다고 강조하느라 바빠요. 그러고 보니 돈이 제일 중요하다는 사람은 거의 못 보았네요.

플루토스 돈보다 다른 것이 더 중요하다고 말하는 사람은 가난한 사람들이지. 가난한 사람은 돈이 없으니까 돈보다 다른 것이 중요시하지. 그리고 '나는 잘 살고 있다' 하면서 자신을 안심시키지.

진화 그래도 돈이 인생의 전부는 아니잖아요.

플루토스 돈이 인생의 전부는 아니지. 너도 돈, 지폐가 목적은 아니잖아. 더 행복하기 위해 돈을 도구로 사용하려고 돈이 갖고 싶은 거잖아. 돈으로 아이를 위해서, 너의 행복을 위해서 쓰는 것이지. 가난한 사람들은 부자들을 오해하고 있어. 부자들이 돈만 밝힌다고 생각하지. 하지만 진짜 부자들은 자신과 가족의 행복을 위해 돈을 열심히 벌고, 돈을 가치 있게 쓰고, 투자하고, 저축하면서 사는 거라고. 그런 부자들을 가난한 사람들이 욕할 권리가 있을까?

진화 부자들은 그냥 본능에 충실한 것뿐이네요. 누구나 사랑하는 가족과 친구들을 위해 많은 것들을 해주고 싶죠.

플루토스 가난한 사람은 '돈보다 다른 것이 더 중요하다'라고 하니까 돈이 없는 거야. 자신이 우주에 그렇게 소원을 주문한 거잖아. 가난한 사람은 다른 것이 더 중요해야 한다고 고집

을 부리고 있는 거야. 가족이 아파서 병원에 입원했어. 당장 의사가 수술하지 않으면 위험하다고 했어. 그때 제일 필요한 게 뭐야?

진화 병원비? 수술비?

플루토스 그래. 일단 수술비가 있어야 수술하겠지. 그 상황에서 '돈보다 사랑이 더 중요하다'라는 말이 나올까?

진화 안 나오지요. 당장 수술해야 되니까 돈이 필요하잖아요.

플루토스 그래. 일단 돈이 먼저 필요하다고. 가족이 수술을 받고 치료가 끝난 다음에 '사랑이 중요하다'라고 말할 수 있는 거야. 아이가 유학 갈 수 있는 좋은 기회가 생겼어. 무엇이 필요할까?

진화 유학비죠. 돈이 없으면 유학을 못 가니까요.

플루토스 그럼 가난한 사람들 말대로라면 '돈보다 가족이 중요하니까' 아이 유학을 안 보내고 룰루랄라 하면서 파티를 열면 되겠네?

진화 그건 좀 안타까울 것 같은데요.

플루토스 왜? 속상해? 돈이 중요하지 않다고 했잖아. 유학이 무슨 소용이야! 가족이 중요하니까 아이는 가족 의견에 따라야지. 돈보다 가족이지. 아이는 유학의 꿈을 버리고 다른 꿈을 가져야지. 돈보다 가족이 중요하잖아.

진화 그런 일이 실제 생기면 정말 속상하죠.

플루토스 부자들은 돈이 있어. 가족의 수술비를 바로 낼 수 있고, 아이 유학도 바로 보내줄 수 있지. 누가 칭찬을 받아야 하지? 부자들? 부자를 욕하는 사람들? 돈을 준비한 사람이 잘못한 것일까? 준비하지 못한 사람이 잘못한 것일까?

진화 하지만 아프면 돈도 필요 없잖아요.

플루토스 부자들은 꾸준히 건강검진을 받겠지. 좋은 음식을 먹겠지. 자신과 가족의 건강을 꾸준히 챙기겠지. 그래도 아프거나 병에 걸린다면 그건 어쩔 수 없지. 일단 치료를 하려면 돈이 필요하지. 그리고 돈으로 치료도 하고, 해결할 수 있는 것들을 해결했어. 그다음 결과는 부자도 가난한 사람도 어쩔 수 없는 거라고. 가난한 사람이나 부자나 아픈 건 어쩔 수 없지. 가난한 사람이 아프면 '돈이 없어서 치료도 못 받고 안타까워'라고 말하고, 부자가 아프면 '역시 돈보다 건강이 최고야'라고 이야기하지. 무엇이 더 안타깝지? 돈이 없어서 치료를 아예 못 받는 상황이 더 안타까울까? 치료를 다 받고도 어쩔 수 없는 상황이 더 안타까울까?

진화 일단 치료도 못 받는다면 너무 억울할 거 같은데요.

플루토스 그래. **돈보다 다른 것이 더 중요하다고 말할 때는 돈으로 90%를 해결하고도 해결할 수 없는 10%** (건강, 일, 가족, 사랑) **를 가지고 이야기해야 하는 거야. 결국 돈보다 다른 것이 더 중요하다고 말할 수 있는 건 부자들이라고. 돈으로도**

해결하지 못하는 문제는 부자든, 가난한 사람이든 고민하는 건 다 똑같아. **지금 가난한 사람은 그냥 돈이 제일 중요하다고 생각해야 해.** 돈이 다른 것보다 중요하다고 말하는 사람은 진짜 가난이 얼마나 무섭고 잔인한지 겪어보지 못했던 사람이야. 지금 '등 따시고 배부르다'는 이야기지. 진짜 가난한 사람이 그런 이야기를 할까? 먹을 게 없어서 며칠을 굶고, 추운 겨울날 보일러가 되지 않는 곳에서 덜덜 떨면서 잠을 자는 사람이 '돈보다 사랑이 중요하지'라는 말이 나올까?

진화 그 사람에게는 돈이 제일 필요하고 또 중요하죠.

플루토스 그 사람뿐 아니라 **우리는 모두 부자가 되기 위해 태어났어.** 모두 부자가 되기 위해 태어났는데 아직도 부자가 되지 못한 사람은 '부자가 되고 있는 중인 사람'과 '계속 가난한 사람' 둘 중 하나야.

진화 넷! 저는 부자가 되고 있는 중인 사람입니다. 이미 마음은 부자입니다. 지금까지 하신 말씀 외에는 다른 말은 듣지 말라고 한 게 이것 때문인가요?

플루토스 이제부터 부자에 대해 잘못 오해하거나 돈이 중요하지 않다고 하는 사람의 말을 절대 듣지도 말고, 믿지도 말고, 만나지도 마. 계속 가난하게 살 사람이니까. 가난한 사람들을 무시하라는 게 아니야. 생각이 가난한 사람을 말하는 거야.

가난한 사람들은 긍정적 생각을 하지 않아. 그리고 행복하지 않아. 나쁜 감정을 전달하는 사람을 만나지 말고, 좋은 감정을 함께 나눌 수 있는 사람을 만나야 돼. 그 사람의 감정과 에너지가 너에게까지 전달되니까. 내가 행복해져야 내 가족도, 남도 행복하게 해줄 수 있어. 자신이 행복하지 못한데 어떻게 남에게 행복을 전달할 수 있겠어?

진화 부자는 행복의 전달자네요.

플루토스 그렇지. '나는 부자다. 나는 부자가 되기 위해 태어났다'라고만 생각하면 돼. 그러면 진짜 부자가 되어 있을 거야. 이 말을 꼭 명심해.

우리는 모두 부자가 되기 위해 태어났다. 지금 부자가 되지 못했다면, 부자가 되지 못할 것 같다면 이 책을 처음부터 다시 한번 꼼꼼히 읽어라. 부자가 될 때까지 읽어라.

우리는 부자가 되기 위해 태어났기 때문에 당신이 선택만 하면 된다. 가난에 대한 생각을 계속하면 가난이 올 것이다. 부자가 될 것을 생각하면 부자가 될 것이다. 자신을 최고로 계발시킬 수 있고, 발전시킬 수 있는 가장 좋은 방법은 부자가 되는 것이다.

당신은 남을 위해, 희생하기 위해 태어난 것이 아니다. 당신의 행복만을 생각하라. 당신은 부자가 되기 위해 태어났다.

부자엄마, 가난한엄마

1판 1쇄 인쇄 2022년 10월 1일
1판 1쇄 발행 2022년 10월 10일

지은이 이진화
펴낸이 박현

펴낸곳 트러스트북스
등록번호 제2014-000225호
등록일자 2013년 12월 3일

주소 서울시 마포구 성미산로1길 5 백옥빌딩 202호
전화 (02) 322-3409
팩스 (02) 6933-6505
이메일 trustbooks@naver.com

ⓒ 2022 이진화

이 책의 저작권은 저자에게 있습니다.
저자와 출판사의 허락없이 내용의 일부를 인용하거나 발췌하는 것을 금합니다.

값 17,000원
ISBN 979-11-92218-57-1 03320

믿고 보는 책 트러스트북스는 독자 여러분의 의견을 소중히 여기며,
출판에 뜻이 있는 분들의 원고를 기다리고 있습니다.

부자 엄마, 가난한 엄마
RICH MOM POOR MOM